T0397959

DE LA FINCA A LA TAZA

YASSIR RAÏS

DE LA FINCA A LA TAZA

El viaje del café de especialidad

cincotintas

CONTENIDOS

PRÓLOGO

Antes de comenzar mi aventura con Syra Coffee, ya era un admirador del café de especialidad, cuyo verdadero valor la industria a menudo eclipsaba al centrarse en la experiencia estética. Ahora, verlo a través del lente de la democratización de Syra ha impregnado mi trabajo diario con un propósito y una motivación profundos, fomentando un movimiento que enriquece a las comunidades cafetaleras al transformar los hábitos de los consumidores.

Las buenas marcas se distinguen por su capacidad de contar historias convincentes que unen la acción con la narrativa, y la de Syra Coffee me inspira porque conecta con un movimiento más amplio y transformador: pasar de estar centrados en el consumidor a centrarnos en el origen. Este cambio no está exento de desafíos, particularmente el peso económico de la sostenibilidad. ¿Cómo lograr que los productos de alta calidad, obtenidos de manera ética y sostenible, sean la norma en un sistema diseñado para la conveniencia, a menudo a expensas del planeta y sus habitantes? Cada día soy testigo de la dedicación de nuestro equipo para abordar estos retos, esforzándose por que el café de especialidad sea más accesible para todos. Este compromiso es crucial, ya que convencer a más personas de elegir café de especialidad fomenta que los caficultores adopten prácticas más éticas y sostenibles.

Este libro quiere sentar las bases para un cambio a través de la educación. Al acompañarnos en el encantador viaje del café desde la finca hasta la taza, esperamos que compartas nuestra amplia visión y entiendas cómo cada sorbo te conecta con una narrativa vital y más amplia de cambio.

MAHER MANSOUR

EDITORIAL

Syra Coffee empezó en 2015 como una pequeña cafetería de barrio con el simple propósito de hacer que el buen café sea un hábito de todos. Empezamos con pocos recursos, materiales reutilizados y maquinaria de segunda mano, pero con una pasión desbordante focalizada en ofrecer granos excepcionales a la mayor cantidad de personas de nuestro entorno.

Esa primera cafetería, que levanté con mis propias manos y donde serví los primeros cafés, se ha convertido en lo que hoy es Syra Coffee, un tostador de café de especialidad, con cafeterías propias en más de siete ciudades y una tienda online que permite llevarse a casa parte de la experiencia que ofrecen nuestros baristas. Syra Coffee no hubiera nacido sin la confluencia de innumerables disciplinas de todos los ámbitos, desde el diseño hasta la arquitectura, para poder llegar a ofrecer la mejor experiencia a nuestra comunidad, que empezó en Barcelona y se ha extendido por el mundo.

Para nosotros, consumir café en casa, más que una cuestión de comodidad, representa toda una experiencia. Ese primer sorbo para empezar el día significa mucho más de lo que la gente cree y todo eso se lo debemos al café de especialidad, detrás del cual está el trabajo de muchas personas, así como un amor que trasciende fronteras. Desde que nació Syra Coffee, nuestro objetivo no ha sido otro que el de conectar dos puntos de la manera más directa posible, tranzando una línea desde los más de 70 productores con los que trabajamos hasta los miles de clientes que consumen nuestros cafés en nuestras cafeterías o en casa.

A través de este libro, queremos contarte la historia y el viaje de los granos de café a lo largo de su historia hasta llegar a convertirse en el café de especialidad que consumes. Desde la procedencia, el cultivo, la cata y el tueste hasta la preparación de la bebida, para que puedas entender qué cambió para nosotros en 2015. A diferencia del café comercial producido en masa, el café de origen único se cosecha en armonía con el medioambiente y sus temporadas, lo que hace que cada lote sea especial. Este libro te invita a descubrir cada una de las etapas que atraviesa el café y que van *De la finca a la taza*.

¡Buena lectura!

HISTORIA DEL CAFÉ

ORIGEN

El café es una bebida querida y apreciada a nivel mundial, y tiene una historia cautivadora que se entreteje a través de culturas, continentes y siglos.

Este capítulo te invita a embarcarte en un viaje en el tiempo, rastreando los orígenes del café y la extraordinaria historia de cómo se convirtió en una parte integral de nuestras vidas hasta convertirse en la razón de ser de Syra.

Debemos trasladarnos a las exuberantes colinas de Etiopía, donde la leyenda cuenta que un pastor llamado Kaldi descubrió los efectos vigorizantes que las cerezas de café provocaban en sus cabras. Desde entonces, el conocimiento de las

propiedades energizantes del café se propagó por la península arábiga y más allá, y halló eventualmente su camino hacia Europa, América y el resto del mundo.

A medida que su popularidad se extendió, fomentó la emergencia de culturas de café vibrantes en diversas sociedades. Desde los bulliciosos cafés del siglo XVI en Estambul, donde florecían las discusiones intelectuales alrededor de tazas humeantes, hasta los cafés europeos, que se convirtieron en centros de inspiración artística, la bebida desempeñó un papel fundamental en la configuración de las interacciones sociales, el comercio e incluso los movimientos políticos a lo largo de los siglos.

Dicha expansión también estuvo estrechamente vinculada con la historia colonial, pues conllevó el establecimiento de vastas plantaciones en regiones cuyos climas resultaban adecuados para su cultivo, como India o Indonesia. La explotación de mano de obra y de recursos que se produjo en estos territorios empañan esta historia, que por otro lado sentó las bases de la importancia económica mundial del café y las redes comerciales globales.

Más adelante, la Revolución industrial supuso avances significativos en la preparación del café con la creación de métodos nuevos, como el café instantáneo o las máquinas de *espresso*. Estas innovaciones no solo transformaron la manera en que lo consumimos, sino que también allanaron el camino para la creación de bebidas especializadas que hoy satisfacen un amplio abanico de gustos y preferencias.

En la actualidad, es crucial reconocer los desafíos a los que se enfrenta esta industria, como la sostenibilidad ambiental o las prácticas de comercio justo. El viaje del café está íntimamente ligado a los esfuerzos que requiere garantizar un futuro responsable y equitativo tanto para los agricultores como para los consumidores.

> El café desempeñó un papel fundamental en la configuración de las interacciones sociales, el comercio e incluso los movimientos políticos.

RELEVANCIA CULTURAL

El café es más que una simple bebida, es una piedra angular cultural que une tradiciones y rituales y establece conexiones sociales en todo el mundo y a lo largo de la historia, como demuestran las múltiples etapas que ha protagonizado. En este capítulo, exploramos las diversas formas en las que esta bebida se ha integrado en los corazones y las costumbres de poblaciones tan diversas.

LAS TRADICIONES DE ORIENTE MEDIO: UN RITUAL DE HOSPITALIDAD

Las tradiciones cafeteras de Oriente Medio van más allá del simple acto de beber café. El café turco, con sus granos finamente molidos y su método de preparación centenario, es el centro de las reuniones sociales. No se trata solo de la ingesta de cafeína, sino que es un gesto de bienvenida, amistad y calidez. Las elaboradas ceremonias del café en Etiopía sirven para unir a la comunidad, y en ellas el café se prepara, se sirve y se disfruta con meticulosa atención al detalle. Estos rituales encarnan la identidad cultural, la hospitalidad y el apreciado arte de compartir momentos y conectar con las personas.

EL NACIMIENTO DE LAS CAFETERÍAS EN EUROPA: UN REFUGIO PARA EL INTERCAMBIO INTELECTUAL

El surgimiento de las cafeterías en la Europa de los siglos XVII y XVIII las transformó en interesantes centros de intercambio intelectual. Las cafeterías de Viena incubaron el pensamiento creativo y la expresión artística, mientras que las de Londres desempeñaron un papel fundamental en la formación de la Ilustración británica. Los cafés parisinos sirvieron como lugar de encuentro para pensadores influyentes como Voltaire y Rousseau. Estos espacios fomentaron un ambiente donde se debatían ideas, la literatura florecía y los ideales revolucionarios echaban raíces, todo acompañado por el reconfortante aroma del café recién preparado.

LAS VARIEDADES SUDAMERICANAS: UN ABANICO DE SABORES

Los cultivos cafeteros de América del Sur reflejan los diversos paisajes e historias de la región. En Brasil, el café está profundamente entrelazado con la identidad nacional, y sus sabores audaces son valorados tanto en los hogares como en las cafeterías. El café colombiano es conocido por sus perfiles equilibrados y vibrantes, y el paisaje cultural Cafetero de Colombia es Patrimonio Mundial de la Unesco. En países como Perú y Bolivia, las regiones productoras están ganando reconocimiento por sus microclimas únicos y matices de sabor distintivos.

TRADICIONES CAFETERAS ASIÁTICAS: MEZCLA DE VIEJA Y NUEVA ESCUELA

Asia, con sus ricas tradiciones de té, ha integrado sin problemas el café en su tejido cultural. En Corea del Sur, las cafeterías se han convertido en espacios sociales que ofrecen una variedad de bebidas de café creativas y coloridas que reflejan el dinamismo de la cultura juvenil del país. La meticulosa atención al detalle de Japón se extiende a su cultura del café, donde métodos como la preparación con sifón y el vertido manual se elevan a formas artísticas. En toda Asia, el café representa la fusión de influencias globales y prácticas tradicionales, dando como resultado una escena de la práctica cafetera dinámica y apasionante.

TENDENCIAS MODERNAS: EL LENGUAJE UNIVERSAL DEL SABOR

El siglo XXI ha sido testigo de un renacimiento global del café que trasciende fronteras y continentes. La aparición del café de tercera ola, tostadores especializados y técnicas innovadoras de preparación han creado un lenguaje universal de aprecio por los complejos sabores del café. Los entusiastas del café de todo el mundo comparten una pasión por explorar orígenes únicos, métodos de procesamiento y perfiles de sabor, fomentando una comunidad global unida por su amor por una taza bien elaborada. Actualmente, denominamos el auge del café de especialidad como tercera ola del café (*third-wave coffee*), precedida por la segunda ola (las décadas de 1960 y 1970) y su auge de la cafeteras *espresso*, y la primera ola (la década de 1900), cuando el café llegó a las masas.

INTERCAMBIO Y CONEXIÓN CULTURAL: LA TAZA QUE NOS UNE

A medida que nos sumergimos en la relevancia cultural del café, celebramos su capacidad para forjar conexiones entre comunidades. El simple acto de compartir una taza de esta bebida trasciende barreras lingüísticas, diferencias culturales y distancias geográficas. El café tiene la notable habilidad de reunir a las personas, fomentar la comprensión entre ellas, el diálogo y cierto humanismo que trasciende cualquier frontera.

LEYENDAS E HISTORIAS

En las estrelladas noches de tierras antiguas y los bulliciosos mercados de antaño, las leyendas del café han sido susurradas durante generaciones. Estos relatos, teñidos de misterio, asombro y cierto folklore, revelan el encanto cautivador que el café ha tenido a lo largo de la historia. Adéntrate en el reino de los mitos del café, donde confluyen la realidad y la imaginación.

LA DANZA DE LAS CABRAS BAILARINAS

Allá por el siglo IX, en las tierras altas de Etiopía, un pastor nómada de cabras llamado Kaldi guiaba a su rebaño para pastar en las laderas verdes. En un día bañado por el sol, Kaldi observó que sus cabras se comportaban de una forma extraña, brincaban y retozaban con más vigor de lo habitual. Curioso, Kaldi investigó y descubrió que la fuente de su alegría eran las bayas rojas que pendían de un arbusto misterioso. Tentado por su color llamativo, Kaldi probó las bayas y descubrió sus propiedades estimulantes. Las noticias de este fruto enigmático llegaron al monasterio local, donde los monjes lo utilizaron a su vez para elaborar una bebida que los mantenía despiertos durante largas horas de oración.

EL ATAÚD DE KALDI

A medida que los relatos pasaban de boca en boca, la historia del descubrimiento de Kaldi prendió en la imaginación colectiva. Generaciones más tarde, surgió una nueva narrativa: la de la desaparición de Kaldi y el enigmático ataúd que selló su destino. Según esta cautivadora leyenda, el espíritu inquieto de Kaldi deambulaba por las tierras altas de Etiopía anhelando las bayas rojas que le habían conferido vitalidad. Incapaz de encontrar consuelo, la figura espectral de Kaldi acechaba los mismos arbustos que daban las bayas. Los ancianos locales idearon un ritual para que el espíritu de Kaldi descansara en paz: prepararon las bayas que tanto buscaba y ofrecieron el elixir a la presencia etérea, que se disipó a medida que el aromático brebaje se elevaba en el aire. El relato del ataúd de Kaldi sigue siendo un recordatorio inquietante del impacto perdurable del café en el espíritu humano.

Estos relatos, teñidos de misterio, asombro y cierto folklore, revelan el encanto cautivador que el café ha tenido a lo largo de la historia.

PRODUCTOR DEL CAFÉ SECUNDINO EN LA FINCA LA CONGONA, EN CAJAMARCA, PERÚ.

LA MAGIA DEL BAILARÍN MISTERIOSO

En el mercado de Estambul, un bailarín que giraba con gracia hipnótica divisó un puesto peculiar con granos extraños y fragante vapor. Intrigado, se acercó y se encontró con un vendedor carismático que preparaba una bebida aromática. Al probar el elixir, el bailarín sintió cómo su magia revitalizante fluía por sus venas. La bebida lo llenó de energía y le permitió danzar con fervor renovado. Las propiedades místicas del café se fusionaron con sus movimientos hipnóticos, cautivando a quienes lo observaban con asombro. La danza del bailarín se convirtió en una expresión artística de las cualidades místicas del café, otorgando a los granos un aura de encantamiento.

EL PODER OCULTO DEL CAFÉ

En lo más remoto del Yemen, el legendario Sheik Abu Al-Hasan Ali Ibn Nafi, conocido como Kha'ir Beg y venerado por su sabiduría y conocimiento, emprendió una peregrinación solitaria hacia un monasterio distante buscando desentrañar los misterios de la vida. Allí se encontró con monjes que servían una bebida peculiar que fortificaba sus espíritus y despertaba sus mentes. Kha'ir Beg aprendió a preparar este elixir y regresó a su tierra natal con el regalo del café. Allí compartió con sus discípulos la receta de esta poción que podía encender el fuego del pensamiento y avivar las brasas del alma. La revelación del poder oculto del café recorrió las tierras árabes, alimentando las llamas de la curiosidad e inspirando a los buscadores de conocimiento.

En el siglo IX, la península arábiga era un tapiz de ciudades bulliciosas y oasis tranquilos. Entre las arenas del desierto y los antiguos bazares, un místico sufí llamado Sheikh Omar Al-Shadhili deambulaba y dedicaba sus horas a la contemplación. Un día, mientras el sol abrasador ponía a prueba su determinación, se encontró con un arbusto cargado de bayas, rodeado por un aura de tranquilidad. Buscando consuelo, Sheikh Omar preparó con ellas un elixir fragante. El cálido líquido aportó claridad a sus pensamientos y él lo consideró como un regalo de los cielos, una infusión para vigorizar el alma e iluminar la mente. El místico compartió su descubrimiento y la fama del elixir se extendió, cautivando corazones y mentes con sus propiedades transformadoras. La revelación de Sheikh Omar marcó el nacimiento del café como compañero espiritual en el ámbito de la experiencia humana.

LA DONCELLA DEL CAFÉ Y EL CORAZÓN DEL COMERCIANTE

En las intrincadas calles de Moca, Yemen, se vivió una historia de amor y sacrificio con el café como telón de fondo. En medio de los ajetreados puestos del mercado, un comerciante sin dinero llamado Amir se enamoró profundamente de una joven doncella del café llamada Fátima, conocida por su belleza sin igual y su amabilidad. Consciente del abismo insalvable entre ellos, Amir se prometió ganarse su corazón a través de un medio poco convencional: acumularía suficiente riqueza para pedir la mano de Fátima. Amir emprendió peligrosos viajes comerciales a través de mares traicioneros, adquiriendo especias exóticas y gemas preciosas. Con su fortuna ganada a pulso, fue a ver al padre de Fátima y pidió la mano de su hija. Conmovido por su devoción, el corazón de Fátima se ablandó y ella correspondió a su amor. Su unión simbolizó la unidad de dos almas en medio de los remolinos aromáticos del café y el pulso rítmico del corazón de Moca.

Al adentrarnos en estas leyendas atemporales, recordamos el poder que el café tiene para cautivar la imaginación humana. Estas historias, ya sea susurradas en caravanas del desierto o compartidas a lo largo de generaciones, iluminan las fascinantes formas en que el café se ha entrelazado con culturas, creencias y el anhelo humano universal de maravilla y encanto.

COSECHADORA DE LA ASOCIACIÓN APROCASSI EN LA FINCA SANTA FE
EN LA PROVINCIA DE SAN IGNACIO, CAJAMARCA, PERÚ.

EL FENÓMENO GLOBAL

En la era moderna, el café trasciende sus humildes orígenes para convertirse en un fenómeno global, una fuerza que moldea economías, sociedades y culturas en todos los continentes. Desde las animadas cafeterías de Barcelona hasta las vibrantes calles de Tokio, el café ha evolucionado hasta convertirse en un aspecto esencial de la vida diaria, dejando su huella en la humanidad.

Este capítulo explora la transformación del café de una bebida local en un fenómeno mundial, rastreando sus pasos a través del comercio, la colonización, la innovación y el nacimiento de la cultura del café hasta convertirse en lo que conocemos hoy en día.

En los albores del siglo XVI, el cautivador aroma del café comenzó a extenderse más allá de la península arábiga. A través de las rutas comerciales otomanas, el café llegó a Europa, despertando curiosidad y fascinación entre la élite. El primer café europeo surgió en Venecia en 1645 y marcó el inicio de una era de discusiones alimentadas por la cafeína, el intercambio intelectual y el nacimiento de los establecimientos donde pensadores, artistas y revolucionarios encontraban refugio y consumían esta bebida.

Durante la Ilustración, los cafés en toda Europa y allende de esta se convirtieron en incubadoras de ideas. Los ricos brebajes fluían mientras los escritores componían sus obras maestras, los filósofos reflexionaban sobre los misterios de la existencia y los políticos planeaban revoluciones. Los cafés parisinos vibraban con fervor revolucionario, mientras artistas y pensadores como Voltaire y Rousseau encontraban inspiración en la camaradería de los debates acompañados por el café.

La adopción global del café fue aún más acelerada por la expansión colonial. Las potencias europeas establecieron plantaciones en regiones cuyos climas eran adecuados para su cultivo, y el café se convirtió en un cultivo comercial que moldeaba economías y estructuras sociales. Los exuberantes campos del Caribe, Centro y Sudamérica, África y Asia florecieron con plantas de café, y dieron origen a vastas redes de cultivo, comercio y consumo.

La cultura del café se extendió por todos los continentes, adaptándose a tradiciones y preferencias locales. En Viena, el Kaffeehaus surgió como un centro de discurso intelectual; en Turquía, la taza pequeña de café con mucho cuerpo, que se deja reposar para que el café molido se asiente en el fondo, se convirtió en un símbolo de hospitalidad; en Italia, la cultura del *espresso* encarnaba la búsqueda de la perfección en cada taza.

El siglo XX marcó una nueva ola de innovación y globalización y llevó el café a un auge sin precedentes. El surgimiento de la producción en masa y el advenimiento del café instantáneo democratizaron su accesibilidad, y lo convirtieron en un elemento básico en los hogares de todo el mundo. Sin embargo, la creciente demanda planteó interrogantes éticos sobre las prácticas laborales, el comercio justo y la sostenibilidad ambiental, una conversación que sigue dando forma a la industria hoy en día y por la cual nace el café de especialidad, que se pregunta desde sus inicios cómo cultivar y consumir café de una manera más ética y sostenible.

Para entender la evolución reciente del café, nos referimos a las tres olas de café, es decir, a los tres grandes movimientos en la historia del café que han transformado la forma en que se cultiva, se procesa y se consume desde que se empezó a popularizar a principios del siglo XX. La primera ola (1800-1960) popularizó el café instantáneo y preenvasado, y se centró puramente en la conveniencia y la accesibilidad; la segunda ola (1970-1990) se centró en la experiencia del café, en mejorar su calidad, y supuso la proliferación de las grandes cadenas que conocemos hoy en día.

En las últimas décadas, la tercera ola del café, cuando nace Syra, ha revolucionado la forma en que percibimos y disfrutamos esta bebida. El énfasis en la calidad, la sostenibilidad y la trazabilidad ha elevado el café a una experiencia artesanal, reconectando a los consumidores con el complejo viaje que este producto hace desde la finca donde se cultiva hasta la taza en que se consume. Los tostadores de café de especialidad, los baristas y los entusiastas han transformado el café: de una mera bebida ha pasado a ser una forma de arte, una ciencia y una celebración cultural.

Al explorar la historia moderna del café, presenciamos la intrincada interacción entre tradición e innovación, globalización y proximidad. El viaje del café, desde las vibrantes tierras altas etíopes hasta los bulliciosos cafés de las ciudades cosmopolitas, es un testimonio de su poder duradero para unir a las personas, despertar la creatividad y crear un lenguaje compartido que trasciende fronteras. El fenómeno global del café es un testimonio vivo del notable viaje de un humilde grano que ha dejado su huella para siempre en el escenario mundial.

PROCESO DE EMPAQUETADO DE CAFÉ EN GRANO.

Al explorar
la historia
moderna del café,
presenciamos
la interacción
entre tradición
e innovación,
globalización
y proximidad.

CAFÉ DE ESPECIALIDAD

¿QUÉ ES?

El café de especialidad es un viaje de descubrimiento, un testimonio del arte, el cuidado y la precisión que elevan una simple bebida a una experiencia sensorial. En este capítulo, nos sumergimos en la esencia del café de especialidad, analizamos las características que lo distinguen y exploramos los elementos que definen su calidad.

En esencia, llamamos café de especialidad a aquel que tiene una calidad superior como consecuencia de la cuidadosa selección de sus granos. Es, por tanto, una celebración de la excelencia. Va más allá de una simple dosis de cafeína: es una invitación a saborear los matices de sabor, aroma y textura que estimulan nuestros paladares. La búsqueda del café de especialidad comienza en el origen, en la finca, donde los granos son cuidados con atención meticulosa, y donde no solo se planta café, sino historias de *terroir*, clima y cultivo hasta llegar a su meticulosa preparación en taza por un barista.

Exige un proceso de selección riguroso, en el que los granos son evaluados meticulosamente por sus perfiles de sabor, fragancia, acidez, cuerpo y posgusto. Solo reciben esta denominación aquellos que cumplen con los estándares más altos y que obtienen 80 puntos o más de los 100 que otorga la escala de la Specialty Coffee Association (SCA).

Pero el viaje no termina en la finca, tan solo comienza en ella. El café de especialidad depende de las manos que cultivan, cosechan y procesan los granos. Requiere un equilibrio delicado entre ciencia y arte, ya que los tostadores expertos emplean su experiencia para extraer los sabores óptimos ocultos en el interior de los granos. Cada tueste es un trabajo de amor, un intento de honrar las características únicas del origen y del productor de cada café.

Además, la verdadera esencia del café de especialidad se manifiesta durante el proceso de preparación. Es aquí donde los entusiastas del café emplean su conocimiento como alquimistas, considerando cuidadosamente variables como la temperatura del agua, el tiempo de preparación y las proporciones de extracción. Desde los métodos de goteo hasta el *espresso*, cada método de preparación se convierte en una oportunidad para crear una experiencia individualizada que realza las sutilezas que caracterizan al café de especialidad.

El café de especialidad trata sobre todo del viaje, no solo del destino. Nos insta a explorar diferentes orígenes, a apreciar los diversos sabores –desde frutales y florales hasta achocolatados y a frutos secos–, y celebra las historias de los agricultores que ponen corazón y alma en cada cosecha y de los artesanos que convierten estos humildes granos en arte líquido.

A medida que recorremos el mundo del café de especialidad, nos sumergimos en las historias de productores que dedican sus vidas a perfeccionar su oficio, tostadores que exploran el delicado equilibrio entre la ciencia y la creatividad, y baristas que se enorgullecen de servir esa taza perfecta.

> El café de especialidad trata sobre todo del viaje, no solo del destino.

¿CÓMO SE DETERMINA QUE UN CAFÉ ES DE ESPECIALIDAD?

Obtener la categoría de café de especialidad conlleva un proceso de análisis minucioso en el que cada grano se examina con cuidado, se evalúa y se celebra. En esta sección, exploramos detalladamente el proceso meticuloso que eleva el café al nivel de especialidad según los criterios exigentes establecidos por la Specialty Coffee Association (SCA).

LA ESCALA SCA Y SUS ELEMENTOS

El café de especialidad no es solo un término, sino también una distinción que se gana a través de un proceso de evaluación riguroso y preciso. He aquí los atributos del café que evalúa la Specialty Coffee Association (SCA) para determinar su puntuación, que debe ser superior a 80 puntos para obtener la calificación:

1. **FRAGANCIA Y AROMA**

El café de especialidad es una experiencia sensorial que comienza con la fragancia. Los catadores expertos inhalan profundamente para discernir la complejidad aromática del café y percibir los matices florales, frutales o de frutos secos que lo distinguen.

2. **SABOR**

La esencia del café reside en su perfil de sabor. Aquí se evalúan las notas de sabor distintivas que pueden ir desde cítricos hasta caramelo, buscando armonía, equilibrio y la ausencia de sabores indeseables.

3. **ACIDEZ**

Se distingue por un sabor vibrante y fresco, propio de la fruta del café, en lugar de un sabor agrio y desagradable. Se refiere al brillo que realza la experiencia general del café. Los catadores evalúan el nivel de acidez, valorando si es nítida, vibrante o apagada.

4. **CUERPO**

El cuerpo del café es su textura y sensación en boca. Los catadores consideran si es de cuerpo ligero, medio o completo, examinando cómo interactúa con el paladar.

5. **EQUILIBRIO**

El café de especialidad es una sinfonía de sabores, y el equilibrio es su director. Los catadores evalúan si la acidez, el dulzor, el amargor y otros atributos se fusionan de manera armónica.

6. **UNIFORMIDAD**

La consistencia de un café es crucial. Los catadores escrutan cinco tazas para asegurar que cada sorbo refleja el anterior y mantiene los mismos sabores y características.

7. **TAZA LIMPIA**

El café de especialidad debe estar libre de cualquier sabor desagradable. Los catadores evalúan si la taza está limpia de defectos o sabores extraños.

8. **DULZOR**

Los azúcares naturales del café contribuyen a su dulzor. Los catadores evalúan si hay dulzor presente y si complementa otros atributos.

9. **DEFECTOS**

Un solo defecto puede alterar la calidad de un café. Los catadores identifican cualquier defecto, desde granos no maduros hasta problemas de fermentación.

10. **EVALUACIÓN GENERAL**

Los catadores resumen su experiencia sensorial asignando una puntuación total en una escala de 100 puntos.

RUEDA DE SABORES DEL CAFÉ

MANZANILLA ROSA JAZMÍN **MORA** FRAMBUESA ARÁNDANO FRESA UVAS PASAS CIRUELAS PASAS COCO CEREZA GRANADA PIÑA UVA MANZANA MELOCOTÓN PERA POMELO NARANJA LIMÓN LIMA AROMÁTICOS ÁCIDOS ÁCIDO ACÉTICO ÁCIDO BUTÍRICO ÁCIDO ISOVALÉRICO ÁCIDO CÍTRICO ÁCIDO MÁLICO VINO WHISKY FERMENTADO MADURADO

MIEL CARAMELO JARABE DE ARCE MELAZA CHOCOLATE AMARGO CHOCOLATE ALMENDRA AVELLANA CACAHUETE CLAVO CANELA NUEZ MOSCADA ANÍS

AROMÁTICOS DULCES DULCE GENERAL AROMA DE VAINILLA VAINILLA AZÚCAR MORENO CACAO NUECES ESPECIAS PIMIENTA ACRE CEREAL

TÉ NEGRO FLORAL BAYAS FRUTOS SECOS OTRAS FRUTAS CÍTRICOS

DULCE FLORAL AFRUTADO ÁCIDO

NUECES/CACAO ESPECIAS TOSTADO

ÁCIDO/FERMENTADO ÁCIDO/FERMENTADO ACEITE DE OLIVA CRUDO

VERDE/VEGETAL VERDE/VEGETAL

OTROS LEGUMINOSO PAPEL/HÚMEDO

QUEMADO TABACO TABACO DE PIPA QUÍMICO

MALTA GRANO TOSTADO HUMO CENIZA ACRE GOMA ZORRILLO PETRÓLEO MEDICINAL SALADO AMARGO FENÓLICO CARNE/CALDO ANIMAL RANCIO/TIERRA RANCIO/POLVO MOHOSO/HÚMEDO MADERA CARTÓN RANCIO HERBÁCEO HENO VEGETAL VERDE OSCURO FRESCO VAINA INMADURO

EL VIAJE HACIA LA EVALUACIÓN

Antes de que el café llegue siquiera a la mesa de evaluación,
atraviesa un cuidadoso proceso de selección. El café de especialidad
a menudo comienza en el cultivo en lugares que presentan
las condiciones ideales de altitud, suelo y clima, factores
que contribuyen a conferirle sus atributos distintivos.

CULTIVO Y COSECHA

La experiencia entra en juego cuando agricultores expertos cultivan cuidadosamente las plantas de café. Se aseguran de que la maduración de las cerezas es adecuada y de que la cosecha se lleva a cabo en el momento oportuno, lo que sienta las bases para la calidad.

TUESTE

Una sinfonía de reacciones se despliega en el proceso de tueste. Los tostadores artesanales aplican su arte, ajustando variables como el tiempo y la temperatura para desbloquear los sabores y aromas únicos ocultos dentro de los granos.

PROCESAMIENTO

El procesamiento posterior a la cosecha tiene un gran impacto en el sabor del café. Ya sea el proceso natural, lavado o honey, cada método influye en el perfil final de la taza. Analizamos los distintos procesos en las páginas 105-117.

PREPARACIÓN

Los baristas y entusiastas del café se convierten en artistas, pues afinan los parámetros de preparación para resaltar los atributos de un café. Cada taza es un lienzo donde se manejan la temperatura del agua, el tiempo de extracción y el tamaño de molienda para crear una obra maestra.

EL RITUAL DE CATA

La cata es el pináculo del proceso de evaluación del café
de especialidad, un ritual donde el café se evalúa minuciosamente.
Catadores calificados se reúnen, muelen, preparan y sorben cada
café, registrando puntuaciones para cada uno de los elementos
evaluados. La puntuación agregada determina si un café cruza
el umbral hacia el estatus de especialidad.

EL PROCESO DE PRODUCCIÓN

En este capítulo, nos embarcamos en una cautivadora
expedición a través del intrincado viaje que realizan
los granos de café desde los suelos fértiles de tierras lejanas
hasta las exquisitas tazas que adornan nuestras mesas. Desde
el cultivo concienzudo hasta los métodos de procesamiento
innovadores, exploramos cada etapa de la producción
que contribuye a la creación del café de especialidad.

1. CULTIVO

El viaje comienza con un cultivo cuidadoso. Las plantas de café se cultivan en microclimas muy diversos, desde montañas neblinosas hasta valles bañados de sol. Cada clima y sus características determinan los sabores presentes en cada café.

2. COSECHA

Manos expertas seleccionan solo las cerezas más maduras, lo cual asegura un dulzor y sabor óptimos. La temporada de cosecha se convierte en una celebración del trabajo y de la generosidad de la naturaleza.

3. PROCESAMIENTO

La elección del método de procesamiento, ya sea lavado, natural o honey, da forma al perfil de sabor del café. Los granos se procesan para eliminar la pulpa y el mucílago –la capa gelatinosa que recubre la semilla–, mientras se conservan las cualidades intrínsecas del grano.

4. SECADO

Los granos se secan al sol, de manera que adquieren sabores del entorno. La fase de secado requiere precisión para prevenir la aparición de moho y fermentaciones no deseadas.

5. DESCASCARILLADO Y CLASIFICACIÓN

En la trilladora, los granos son descascarillados y clasificados según tamaño y peso. Cada grano refleja el cuidado invertido en cada etapa de producción.

6. EXPORTACIÓN E IMPORTACIÓN

Los granos viajan por el mundo, pasan por aduanas y puntos de control. Los importadores seleccionan los mejores, que cumplen con los rigurosos estándares. Como tostadores, priorizamos el trato directo con los productores y, tras catar las muestras recibidas, expedimos el café en barco.

7. TUESTE

Los tostadores sacan a relucir los sabores ocultos de los granos. Cada tostador tiene un perfil de tueste para cada café, que resulta ser la combinación de temperaturas y tiempos de tueste que mejor se adaptan para resaltar los atributos únicos de dicho café.

8. CATA

Para asegurarnos de la calidad del tueste y siendo este un proceso artesano, la cata es el ritual de degustación donde comprobamos el perfil de tueste establecido. Se escrutan el aroma, el sabor y los matices, calificando y evaluando la calidad de cada lote.

9. ENVASADO

La culminación del arte y la ciencia, el envasado, asegura que los granos permanezcan en su mejor estado. Un paquete bien sellado conserva el aroma y el sabor. Para su preservación, cada paquete tiene una válvula que asegura la correcta desgasificación del café.

10. PREPARACIÓN

Los granos se muelen y se preparan usando varios métodos. Este último capítulo del viaje te permite gozar del fruto de un trabajo meticuloso.

El viaje del café de especialidad desde la finca hasta la taza es una sinfonía de artesanía y pasión. Cada paso del proceso, de las manos que cuidan las plantas al instante en que saboreas la taza preparada, es un testimonio de la dedicación que eleva el café a una forma de arte. Mientras disfrutas de tu variedad favorita, recuerda la odisea que la trajo a tu mesa, una aventura definida por la precisión, la innovación y el amor compartido por la excelencia.

EL TUESTE

Una vez cosechados y procesados, los granos de café, aún en su estado verde, se empaquetan cuidadosamente para preservar su calidad. Tradicionalmente, el café verde se empaqueta en sacos de yute, un material natural que permite cierta transpiración y protege el grano durante el transporte.

Sin embargo, para una mayor protección contra la humedad y otros factores ambientales, muchos productores optan por el uso de bolsas GrainPro, que son barreras herméticas diseñadas para mantener la frescura del café y prolongar su vida útil.

El café verde puede conservarse en buen estado durante varios meses si se almacena correctamente, pero su verdadero potencial se libera en la etapa de tostado. Este proceso transforma las propiedades químicas y físicas del grano, y desarrolla los sabores y aromas característicos que apreciamos en cada taza de café. Los tostadores de especialidad dedican un cuidado meticuloso a cada lote, ajustando parámetros como la temperatura y el tiempo de tueste para resaltar las mejores cualidades de cada origen y variedad. El recorrido del café desde su estado verde hasta su forma tostada es fundamental para garantizar una experiencia excepcional.

EL PROCESO DE TUESTE

Para empezar a tostar el café en grandes cantidades es importante predeterminar el perfil de tueste óptimo para cada lote. Encontrar el perfil de tueste correcto implica experimentar con diferentes tiempos y temperaturas para resaltar las mejores características de cada grano. El tostador realiza múltiples pruebas, ajustando parámetros en cada lote para lograr un balance óptimo de sabores. El objetivo es destacar las notas únicas del origen del café y crear así una taza equilibrada y compleja.

Una vez encontrada la curva de tueste, se puede proceder a tostar. Para ello, se usa una tostadora de café, máquina artesana que, dependiendo de su capacidad, es capaz de tostar desde 5 hasta 140 kg (para los mayores tostadores). Una tostadora es una maquinaria precisa que permite controlar variables como la temperatura, el tiempo y el flujo de aire para lograr perfiles de tueste específicos.

El proceso de tueste del café implica calentar los granos verdes en una tostadora a temperaturas que oscilan entre 180-240 °C. Durante este proceso, que puede durar 10-20 minutos, dependiendo del método y del perfil de tueste deseado, los granos experimentan cambios físicos y químicos. Inicialmente, se secan y amarillean, luego comienzan a expandirse y desarrollar su color característico, al tiempo que liberan humedad y gases. Finalmente, se producen el primer y segundo crack, que indican diferentes niveles de tueste, desde ligero hasta oscuro, cada uno con perfiles de sabor únicos para cada café.

¿POR QUÉ BEBER CAFÉ DE ESPECIALIDAD?

En esta sección, examinamos las innumerables razones que hacen del café de especialidad una elección convincente, no solo a nivel individual, sino también para el conjunto global de consumidores.

UNA AVENTURA CULINARIA

El café de especialidad no es simplemente una bebida, sino también un recorrido por diversos *terroirs* y perfiles de sabor. Con cada taza, te embarcas en un viaje de descubrimiento y exploras las complejidades de los matices de sabor.

ABASTECIMIENTO ÉTICO

Al elegir café de especialidad, estás apoyando activamente prácticas de abastecimiento éticas. El café de especialidad enfatiza el comercio justo, la agricultura sostenible y la responsabilidad social. Esto significa que los agricultores, el medioambiente y las comunidades involucradas en la producción de café se benefician equitativamente de tu elección.

ARTESANÍA DE CALIDAD

El conjunto de artesanos que se dedican a producir café de especialidad es notable y un testimonio de la dedicación y la experiencia necesarias. El café de especialidad es la cumbre de la artesanía.

EMPODERAMIENTO DE LOS AGRICULTORES

El café de especialidad proporciona a los agricultores un modo de mejorar su nivel de vida. Al centrarse en la calidad, los agricultores tienen incentivos para cultivar granos que venden a precios más altos, lo que les permite invertir en sus comunidades, mejorar las técnicas de cultivo y asegurar un futuro mejor para sus familias.

CUIDADO DEL MEDIOAMBIENTE

La agricultura del café de especialidad a menudo emplea prácticas sostenibles que protegen el medioambiente. Desde el cultivo a la sombra que preserva la biodiversidad hasta los métodos de procesamiento innovadores que minimizan los desperdicios, el café de especialidad contribuye positivamente a la salud de nuestro planeta.

UNA COMUNIDAD CAFETERA FLORECIENTE

El café de especialidad ha creado una comunidad global de entusiastas, profesionales y agricultores que comparten pasión por la calidad. Tu elección de disfrutar del café de especialidad te conecta con esta red y fomenta el afán por disfrutar de los sabores exquisitos, a la vez que promueve un cambio positivo.

SALUD Y BIENESTAR

Más allá del placer del sabor, el café de especialidad ofrece beneficios para la salud. Nos mantiene alerta y despiertos, mejora nuestro estado de ánimo e incluso puede proporcionarnos un momento de relajación en un día ocupado.

PROMOCIÓN DE LA INNOVACIÓN

La industria del café de especialidad es un centro de innovación, donde las técnicas, los equipos y las ideas están en constante evolución. Al elegir café de especialidad, fomentas el avance en los métodos de cultivo, el procesamiento y la preparación del café.

GENERAR CONCIENCIA

El café de especialidad te invita a ser más consciente de tus elecciones. Cuando tomas una taza de café de especialidad, reconoces el viaje que emprendió para llegar hasta ti. Esta conciencia está presente en cada sorbo y, en consecuencia, hace que los momentos en que lo tomas sean más significativos.

Al abrazar el café de especialidad no solo gozas de una bebida, sino que tomas una decisión deliberada que tiene un impacto profundo. Detrás de él hay dedicación, sostenibilidad y colaboración, y cada sorbo es un acto de aprecio de la red compleja que te conecta con los agricultores, los tostadores y los baristas.

IMPACTO MEDIOAMBIENTAL

En esta sección, exploramos la intrincada relación entre el café de especialidad y el medioambiente. Mientras el mundo degusta el café de especialidad, es esencial evaluar la huella ecológica que deja y las medidas tomadas para mitigar su impacto.

PRÁCTICAS AGRÍCOLAS SOSTENIBLES

El café de especialidad pone énfasis en métodos agrícolas sostenibles. Tanto el cultivo a la sombra que promueve la biodiversidad como las prácticas agroforestales que enriquecen el suelo priorizan la salud a largo plazo de la tierra y los ecosistemas.

SALUD DEL SUELO

Las fincas de café de especialidad priorizan la salud del suelo mediante prácticas agrícolas orgánicas, cultivos de cobertura y compostaje. Un suelo saludable no solo produce mejores granos de café, sino que también previene la erosión, fomenta la retención de agua y mejora la resistencia general de la tierra.

REDUCCIÓN DE LA HUELLA DE CARBONO

Los productores reconocen su papel en la reducción de las emisiones de carbono. Iniciativas como la reforestación, proyectos de compensación de carbono y procesos energéticamente eficientes contribuyen a reducir la huella de carbono total de la producción de café.

CONSERVACIÓN DE LA BIODIVERSIDAD

Muchas fincas de café de especialidad son santuarios para una flora y fauna diversa. Los árboles de sombra, las plantas intercaladas y los hábitats naturales presentes contribuyen a la preservación de los ecosistemas, a la vez que proporcionan refugios seguros para innumerables especies de animales.

GESTIÓN DEL AGUA

El uso responsable del agua es fundamental en la producción de café de especialidad. A través de sistemas de riego eficientes, recolección de aguas pluviales y técnicas innovadoras de ahorro de agua, estas fincas se esfuerzan por minimizar el desperdicio de ésta y también por proteger las fuentes de agua locales.

REDUCCIÓN Y RECICLAJE DE RESIDUOS

De la finca al tueste, el café de especialidad se esfuerza por minimizar los residuos que genera. El empaquetado sostenible, el compostaje de la pulpa de café y la reutilización de subproductos demuestran un compromiso con la gestión responsable de los recursos.

PRÁCTICAS LABORALES JUSTAS

La sostenibilidad medioambiental va de la mano con el trato ético a los trabajadores. El café de especialidad enfatiza salarios justos, condiciones de trabajo seguras e igualdad de género, asegurando que el aspecto humano de la producción se alinea con sus valores ecológicos.

RESILIENCIA CLIMÁTICA

El compromiso del café de especialidad con el cuidado del medioambiente está vinculado con la necesidad de abordar el cambio climático. Al adoptar prácticas agrícolas resistentes al clima y abogar por un uso sostenible de la tierra, el café de especialidad da pasos conscientes hacia la adaptación en un mundo en constante cambio.

IMPACTO EN LAS COMUNIDADES LOCALES

El café de especialidad a menudo opera dentro de comunidades rurales, desempeñando un papel importante en la mejora de la infraestructura local, la atención médica y la educación. La influencia positiva se extiende más allá del café en sí, fomentando el desarrollo sostenible.

CONCIENCIA DEL CONSUMIDOR

El movimiento del café de especialidad fomenta la conciencia entre los consumidores sobre el impacto medioambiental de sus elecciones. Cuando eliges café de especialidad, apoyas prácticas que priorizan el medioambiente y contribuyes a un futuro más sostenible.

Mediante su énfasis en la calidad, la sostenibilidad y las prácticas responsables, el café de especialidad pretende ser una fuerza para el cambio positivo en el comercio de la segunda bebida más consumida en el mundo (después del agua). Al disfrutar cada sorbo, no solo saboreas una bebida deliciosa, sino que también apoyas una industria que valora la naturaleza, las comunidades y una relación armoniosa con el planeta.

JULIO MÁRQUEZ, INGENIERO AGRÓNOMO COLABORADOR
DE MAV COFFEE, EN LA FINCA VALLE DE ORO, EL SALVADOR.

Al disfrutar cada sorbo, no solo saboreas una bebida deliciosa, sino que también apoyas una industria que valora la naturaleza, las comunidades y una relación armoniosa con el planeta.

LA PLANTA DEL CAFÉ

CARACTERÍSTICAS DE LA PLANTA

Pese a la denominación que se le da habitualmente —«árbol del café»—, la planta del café o cafeto es un arbusto, no un árbol, que puede alcanzar hasta los 10 metros en estado silvestre.

La planta del café, perteneciente al género *Coffea*, es un arbusto perenne que crece en zonas tropicales y subtropicales. Sus semillas, conocidas como granos de café, se encuentran dentro de bayas o cerezas que maduran en varios colores según la especie. Cada cereza generalmente contiene dos granos, aunque ocasionalmente se desarrolla un grano singular llamado *peaberry*. El cultivo del café requiere condiciones específi-cas de altitud, temperatura y precipitación para prosperar. Tras la cosecha, los granos se procesan mediante métodos que varían desde el lavado hasta el secado natural, y que determinan en gran medida el perfil de sabor del café final. No obstante, y como veremos a continuación, son los factores geográficos los que hacen en gran parte que esta planta termine dando unas notas de cata u otras en boca.

LOS MICROCLIMAS

En el mundo del café de especialidad, el microclima es un elemento fundamental que determina el destino de cada grano de café, desde su nacimiento en el cafeto hasta tu taza.

Por microclima entendemos las condiciones ambientales a pequeña escala que existen dentro de un área más grande, una mezcla única de factores que incluyen altitud, temperatura, humedad y composición del suelo, entre otros factores. Estas variaciones sutiles tienen un impacto profundo en los sabores, los aromas y las características de los granos, ya que son los principales responsables del resultado final de la cosecha de un cultivo.

Los microclimas son un retrato vívido de cómo el mundo natural interactúa con la planta de café, influenciando su crecimiento, desarrollo y, en última instancia, su sabor. Cada elevación, cada sutil cambio de temperatura y cada gota de lluvia absorbida por el suelo crean una historia única que los propios granos narran. Es en el suave abrazo de los árboles que dan sombra o en la nitidez de una brisa de alta altitud donde las plantas de café desarrollan su identidad única.

La relación entre los microclimas y el café de especialidad es simbiótica. Cada productor comprende y trabaja profundamente con el microclima de su región, como un activo, una huella dactilar que distingue su café del resto. La altitud a la que crece el café determina la densidad del grano, lo que, a su vez, condiciona la complejidad y el dulzor de la taza final. El rango de temperatura dentro del microclima moldea el proceso de maduración e influye en el equilibrio entre la acidez y el cuerpo. Los niveles de humedad están en armonía con el ciclo de crecimiento de la planta de café, mejorando los sabores y evitando el riesgo de aparición de moho.

> Los elementos del microclima son las notas individuales que se mezclan armoniosamente para crear una composición cautivadora en la compleja sinfonía que es el café de especialidad.

Estos elementos, como hábiles directores, guían el crecimiento de la planta de café, influyendo en su carácter, aroma y cuerpo. A medida que el microclima experimenta cambios —las estaciones, el sol, la lluvia— el café se adapta, cambia su carácter y llena la taza de notas distintas que los catadores de café descifran. Ahora ahondaremos en las complejidades técnicas de dichos elementos, que nos proporcionará un entendimiento más profundo de cómo conforman el café que disfrutas.

LA TEMPERATURA: EL TERMÓMETRO DEL SABOR

La temperatura no es meramente un número en un termómetro, sino el maestro de la orquestación del sabor. Las plantas de café son almas sensibles que prosperan en un rango de temperaturas específico en el cual los procesos bioquímicos se desarrollan de manera óptima.

Las sutilezas en la temperatura en diferentes altitudes conducen a perfiles de café distintos. En altitudes más bajas, las temperaturas más cálidas aceleran la maduración del grano, dando lugar a una taza más dulce y de cuerpo más completo. Por el contrario, en altitudes elevadas con climas más frescos, el proceso de maduración se prolonga y da como resultado granos con una acidez vibrante y matices complejos. El rango de temperatura ideal para el cultivo de café varía entre los 15 °C y los 24 °C y genera un delicado equilibrio entre dulzor y acidez.

LA ALTITUD: ELIXIR DE LA ELEVACIÓN

La altitud, directamente relacionada con la temperatura, influye en el tiempo de maduración del fruto. A mayor altura, menor densidad del aire, que por tanto pesa menos y ejerce menor presión, lo que ralentiza su desarrollo y crea una alquimia única de sabores.

Este período de crecimiento prolongado conduce a granos más densos con un mayor contenido de azúcar, lo que se traduce en sabores matizados y una acidez chispeante. Los cafés que crecen a gran altitud, cultivados por encima de los 1200 metros, son celebrados por sus perfiles refinados, y a menudo ofrecen notas florales, frutales y ácidas. Por el contrario, a altitudes más bajas, por debajo de los 600 metros, se producen granos con sabores más suaves y menor acidez.

LA HUMEDAD: EL HIDRATANTE DE LA NATURALEZA

La humedad nutre la planta de café como un cuidador benevolente. Desempeña un papel crucial en la formación de la estructura del grano, el porcentaje de humedad y el desarrollo del sabor. En ambientes húmedos, los granos retienen más humedad, lo que se traduce en un secado más lento y más tiempo para el desarrollo del sabor.

Este proceso de cultivo a menudo resulta en tazas bien redondeadas con un equilibrio armonioso de acidez y cuerpo. Por otro lado, los climas secos aceleran el proceso de secado y dan como resultado tazas más brillantes, vivas, fuertes e intensas con una acidez pronunciada. El punto óptimo de humedad para el café de especialidad se sitúa alrededor del 60 % y fomenta una maduración gradual que acentúa las características de sabor deseables mientras se evita la sobrefermentación.

LA COMPOSICIÓN DEL SUELO: LA ESENCIA DE LA TIERRA

La composición del suelo es el confidente silencioso de la planta de café, ya que le aporta minerales y nutrientes únicos. Los suelos volcánicos, ricos en minerales, otorgan acidez y brillo a los granos, a menudo caracterizados por notas frutales y similares al vino.

Los suelos arcillosos, una mezcla de arena, limo y arcilla, fomentan sabores bien equilibrados y un cuerpo redondo, encerrando la esencia del *terroir*. Los suelos arenosos crean tazas más ligeras y delicadas, donde los sabores florecen con elegancia. El pH del suelo también desempeña un papel vital: los suelos ligeramente ácidos contribuyen a crear un perfil de café equilibrado y matizado, mientras que los suelos alcalinos producen granos con un carácter sabroso distintivo.

LOS PATRONES DE LLUVIA: EL REGALO DE LA NATURALEZA

La lluvia es el sustento vital del café, y favorece su crecimiento y el desarrollo de su sabor. Una distribución adecuada de la lluvia a lo largo del año garantiza un desarrollo uniforme de los granos y fomenta una maduración equilibrada.

Las regiones con estaciones húmedas y secas diferenciadas contribuyen a un espectro de sabores variado, lo que añade capas de complejidad a la taza. La cantidad de lluvia óptima para el café de especialidad oscila entre 1500 y 2500 mm anuales, que le proporcionarán una hidratación adecuada sin anegar la planta. Esta armonía asegura que cada gota de lluvia infunde vitalidad al grano, creando una sinfonía de sabores.

LA EXPOSICIÓN A LA LUZ SOLAR: INFUSIÓN LUMINOSA

La luz solar brinda calor y energía, y es necesaria para la fotosíntesis y la producción de azúcar en la planta de café. La luz solar intensa fomenta un mayor contenido de azúcar en los granos, lo que se traduce en mayor dulzor en la taza.

El crecimiento a la sombra, común en áreas boscosas o bajo dosel, resulta en una maduración más lenta y una complejidad más pronunciada. Por lo general, las plantas de café prosperan con 6-7 horas de luz solar directa diaria, una receta natural para un desarrollo equilibrado.

LOS PATRONES DE VIENTO: SUSURROS EN EL AIRE

El viento es la suave musa del café, que moldea las hojas de la planta y, en última instancia, influye en la composición del grano. Las condiciones ideales de viento comprenden las brisas ligeras a moderadas, que crean un entorno de crecimiento equilibrado.

Los vientos suaves estimulan los mecanismos de defensa naturales del grano, lo que resulta en granos más densos con un cuerpo mejorado. Por el contrario, la exposición constante a vientos fuertes puede llevar a plantas estresadas y a una maduración irregular, creando sabores únicos y poco deseables en taza. Unas condiciones favorables impactan de forma positiva en el crecimiento del grano: cada soplo de viento se convierte en la promesa de una taza excepcional.

LA TOPOGRAFÍA:
EL ARTE DEL PAISAJE

La topografía corona todo lo mencionado anteriormente en cuanto a microclimas. Las regiones montañosas presentan temperaturas más frescas, contribuyendo a la densidad y la concentración de sabores del grano y dando lugar a perfiles singulares que encarnan el carácter del paisaje.

Los valles, a menudo protegidos de los vientos, fomentan una maduración uniforme, creando una experiencia de taza equilibrada. Las pendientes y ángulos influyen en la exposición al sol y en el drenaje del agua de lluvia.

Cada elemento del microclima forma parte del viaje del café, un testimonio de la maestría artística de la naturaleza. Al comprender estos elementos, los entusiastas del café obtienen una nueva perspectiva sobre los granos que aprecian, observando cómo las diversas condiciones culminan en perfiles de sabor únicos. Mientras saboreas tu taza, recuerda que cada sorbo es un homenaje a la combinación de temperatura, altitud, humedad, composición del suelo, patrones de lluvia, exposición al sol, patrones de viento y topografía que le dio vida.

Los elementos del microclima son las notas individuales que se mezclan armoniosamente para crear una composición cautivadora en la compleja sinfonía que es el café de especialidad.

CÓMO ELEGIR EL CAFÉ

DESCUBRE TUS PREFERENCIAS

El auge de la tercera ola del café ha dado lugar a la proliferación de cafeterías especializadas y tostadores que ofrecen una variedad de orígenes, métodos de preparación y una atención personalizada para cada cliente, a diferencia de las cafeterías de la segunda ola del café.

Las cafeterías actuales no solo venden café, sino que crean experiencias educativas y sensoriales, y ayudan a los clientes a apreciar las sutilezas de los sabores y aromas del café de especialidad. Como se ha mencionado anteriormente, la transparencia y la sostenibilidad son pilares fundamentales de esta ola. Los consumidores se interesan cada vez más por la procedencia de su café y por las condiciones de trabajo de los agricultores.

En este auge, el barista, como último eslabón de la cadena, responsable de magnificar el trabajo de cada etapa antes de llegar a tu paladar, ha sido y es esencial en la democratización del café de especialidad, ya que es una figura clave en la educación y divulgación de todos estos esfuerzos hasta llegar al producto final.

La manera más fácil, directa y común de pasarse del consumo del café industrial al café de especialidad es ir a una de las muchas cafeterías de especialidad de nuestro alrededor. No obstante y tras disfrutar de esta experiencia en tienda, ¿es posible elevar también nuestra experiencia de consumo en casa? La respuesta es que sí. En este capítulo nos centraremos en los aspectos más técnicos sobre el grano de café de especialidad para poder adentrarte con conocimiento en el proceso de compra.

VARIEDADES

Las variedades son subespecies botánicas que influyen en el perfil de sabor y aroma de cada taza. Variedades como la bourbon, la typica y la geisha son valoradas por sus características únicas, resultantes de su genética y condiciones específicas de cultivo. Cada variedad es influenciada por su origen y métodos de cultivo, que enriquecen la experiencia del café y ofrecen diversidad y calidad.

ARÁBICA (*COFFEA ARABICA*)

El café de variedad arábica es ampliamente reconocido como una de las opciones más finas y apreciadas del mundo del café. Con sabores excepcionales y aromas cautivadores, ha deleitado a los amantes del café durante generaciones. Su cultivo a gran altitud y en climas templados permite que desarrolle sus características específicas en interacción con el entorno.

DIVERSIDAD DE SABORES

El café arábica ofrece una amplia gama de sabores, desde una acidez brillante hasta un dulzor suave. Sus perfiles pueden incluir notas frutales, florales y especiadas, proporcionando una experiencia gustativa compleja y gratificante.

CUERPO Y TEXTURA

El café arábica tiende a tener un cuerpo suave y sedoso, que envuelve el paladar con una sensación reconfortante.

ACIDEZ

La acidez natural del café arábica es una de sus características más destacadas. Esta acidez agrega intensidad y profundidad al café, ofreciendo una experiencia más dinámica y vibrante.

VARIEDADES

Dentro de la familia del café arábica, existen numerosas variedades, cada una con sus propias características únicas. Desde las clásicas, como la typica y la bourbon, hasta las más exóticas, como la geisha, estas variedades ofrecen una amplia gama de sabores para explorar y disfrutar.

VARIETALES DE ARÁBICA

TYPICA
(*COFFEA ARABICA* VAR. *TYPICA*)

Considerada a menudo como la variedad de arábica «básica», la typica sirve de base para muchos cultivares de café. Se reconoce por su perfil de taza equilibrado, que ofrece una acidez suave, cuerpo medio y una gama de sabores que van desde cítricos hasta caramelo.

GEISHA
(*COFFEA ARABICA* VAR. *GEISHA*)

Esta variedad, que ha ganado fama en los últimos años, es conocida por sus aromas florales y parecidos al té. Originaria de Etiopía, ofrece una taza exquisita con sabores matizados de jazmín, bergamota y frutas tropicales.

SL34
(*COFFEA ARABICA* VAR. *SL34*)

Similar a la anterior, esta es un cultivar keniano conocido por su acidez brillante y sus sabores audaces. Se celebra por su cuerpo completo y a menudo presenta sabores de mora, cítricos y chocolate negro.

CATUAI
(*COFFEA ARABICA* VAR. *CATUAI*)

Híbrido de mundo novo y caturra, esta variedad es celebrada por su tamaño compacto y productividad. Presume de un cuerpo y acidez suaves y una paleta de sabores que incluye caramelo, chocolate y matices de nueces.

BOURBON
(*COFFEA ARABICA* VAR. *BOURBON*)

Llamada así en honor a la isla de Bourbon (ahora Reunión), esta variedad exhibe una acidez vibrante y una amplia gama de sabores, que a menudo incluyen notas de frutas, bayas y vino. Se celebra por su suavidad y su dulzor complejo.

SL28
(*COFFEA ARABICA* VAR. *SL28*)

Desarrollada originalmente en Kenia, es apreciada por su acidez intensa y vibrante. A menudo ofrece notas de grosella negra, frutas de hueso y vino.

HEIRLOOM ETÍOPE
(*COFFEA ARABICA* VAR. *HEIRLOOM*)

Esta variedad, que encarna la rica herencia cafetera de Etiopía, abarca una amplia gama de sabores. Su perfil va desde notas vibrantes de bayas hasta matices picantes, a menudo acompañados de una acidez brillante.

PACAMARA
(*COFFEA ARABICA* VAR. *PACAMARA*):

Híbrido de pacas y maragogipe, los granos de pacamara son grandes y exhiben un perfil de taza único. Posee una acidez equilibrada y una amplia gama de sabores, desde florales y afrutados hasta achocolatados y de nueces.

JAVA
(*COFFEA ARABICA* VAR. *JAVA*)

Originaria de la isla indonesia homónima,
esta variedad ofrece un cuerpo completo,
baja acidez y matices terrosos. A menudo
presenta sabores de cacao, especias
y hierbas.

ROBUSTA (COFFEA CANEPHORA)

En contraste con la delicadeza de la arábica, esta especie es la rebelde recia y resistente del mundo del café. Con su naturaleza intrépida y resiliente, el café robusta ha encontrado su lugar como base de mezclas de *espresso*.

SABORES MÁS AUDACES

El perfil de sabor del robusta tiende hacia el extremo intenso del espectro, con un amargor y terrosidad más pronunciados. Su sabor a menudo incluye notas de chocolate oscuro, frutos secos tostados, maderas y especias.

MAYOR CONTENIDO EN CAFEÍNA

Una de las características del robusta es su elevado contenido en cafeína, que puede llegar a casi el doble que el del arábica. Este atributo le confiere un amargor característico que contribuye a definir su sabor único.

CREMA Y CUERPO

La rica crema del robusta -la capa espumosa superior del *espresso*- es un componente esencial en muchas mezclas. Su mayor contenido de lípidos garantiza una crema densa, creando una experiencia visualmente atractiva y satisfactoria en términos de textura.

RESISTENCIA A ENFERMEDADES

La resistencia del robusta a plagas y enfermedades lo convierte en un cultivo adecuado en condiciones difíciles. Esta durabilidad reduce la necesidad de intervenciones químicas y casa con prácticas agrícolas sostenibles.

VARIETALES
DE ROBUSTA

ROBUSTA
(COFFEA CANEPHORA VAR. ROBUSTA)

La variedad de robusta por excelencia se caracteriza por su alto contenido en cafeína y su amargor. Contribuye a las mezclas de *espresso* con sus propiedades que realzan la crema y presenta sabores a chocolate oscuro, frutos secos y madera.

RUIRU 11
(COFFEA CANEPHORA VAR. RUIRU 11)

Cultivado para resistir a enfermedades en Kenia, es alabado por su adaptabilidad y productividad. Su perfil de sabor incluye notas de chocolate amargo y un toque de cítricos.

KOUILLOU
(COFFEA CANEPHORA VAR. KOUILLOU)

Originario de África Central, ofrece un perfil de taza con un amargor y una textura suaves. A menudo presenta sabores de chocolate oscuro, malta y especias sutiles.

PUSTA
(COFFEA CANEPHORA VAR. PUSTA)

Cultivado en Vietnam, ofrece un perfil con menor amargor y un cuerpo moderado. Es conocido por sus sabores a nueces y chocolate, a menudo acompañados de un sutil toque de caramelo.

NGANDA
(COFFEA CANEPHORA VAR. NGANDA)

Cultivado en África Occidental, el nganda exhibe un perfil de taza más suave en comparación con el robusta tradicional. Ofrece un sabor equilibrado con un amargor más suave y matices a nuez.

SLN274
(COFFEA CANEPHORA VAR. SLN274)

Desarrollado en Uganda, es conocido por su resistencia a las enfermedades comunes. Presenta un amargor moderado, un cuerpo medio y un perfil de sabor con toques de cacao y terrosos.

CXR
(COFFEA CANEPHORA VAR. CXR)

Descendiente de robusta y liberica, es un ejemplo de resistencia a enfermedades. Su perfil de sabor tiende hacia notas herbales y amaderadas, con un amargor suave y un cuerpo medio.

BODHI
(COFFEA CANEPHORA VAR. BODHI)

Llamado así en honor al árbol Bodhi —la higuera bajo la cual Siddhartha Gautam se sentó a meditar hasta alcanzar la iluminación espiritual—, esta variedad de robusta se encuentra en el sudeste asiático. Presenta un perfil de taza equilibrado, con un amargor suave y sabores que recuerdan a chocolate negro, frutos secos y especias.

CHIRIKAL
(*COFFEA CANEPHORA* VAR. *CHIRIKAL*)

Originario de India, muestra un espectro de sabores único. Combina notas terrosas y herbales con un amargor suave y un cuerpo medio.

LIBERICA
(*COFFEA LIBERICA* VAR. *LIBERICA*)

Aunque es distinta de la especie robusta, la liberica a menudo se incluye en discusiones debido a su naturaleza robusta y resistente. Se celebra por sus sabores únicos a frutas y sus granos grandes y asimétricos.

Si bien el arábica y el robusta ocupan nichos diferentes, ambas especies tienen características distintivas que dan forma al mundo del café de especialidad. El arábica seduce con sus sabores complejos y sutilezas elegantes, mientras que el robusta ofrece un lienzo audaz para mezclas de *espresso* e imprime su encanto único. Aunque la interacción armoniosa de estas dos variedades es un testimonio de la riqueza y diversidad que el café aporta a la mesa, la más utilizada en el café de especialidad es la arábica, debido a su perfil de sabor más refinado y su menor contenido de cafeína, que permiten una experiencia de degustación más placentera y matizada. La delicadeza de sus notas frutales, florales y de nuez, junto con su acidez equilibrada, hacen que el arábica sea la elección preferida entre tostadores, baristas y conocedores del café de todo el mundo.

REGIONES

Un factor fundamental que determina los matices de un café es la zona donde se cultiva. El café procede de Etiopía, aunque actualmente se produce en numerosos países con climas tropicales y subtropicales de América, África y Asia.
A continuación, te explicamos más sobre cada procedencia.

SUDAMÉRICA

Esta región se beneficia de una variedad de altitudes, suelos y climas, con Brasil y Colombia como los principales productores. Las montañas y mesetas de los Andes proporcionan una excelente altitud (a menudo entre 800 y 2200 metros sobre el nivel del mar) y composición del suelo para el cultivo de café.

La amplia variación de temperaturas entre el día y la noche ayuda a retrasar el proceso de maduración de la cereza de café, lo que produce azúcares y sabores más complejos. Las principales variedades de café cultivadas incluyen la bourbon, la typica, la caturra y la castillo.

BRASIL

Brasil es el mayor productor mundial de café, con un tercio de la producción total. El vasto tamaño del país proporciona una gran variedad de microclimas, lo que lleva a una gran diversidad en los perfiles de sabor. Minas Gerais, São Paulo y Paraná son los principales estados productores de café. El café brasileño, generalmente cultivado a baja altitud, es reputado por sus sabores a frutos secos y chocolate, un cuerpo pesado y baja acidez. Los granos se procesan utilizando tanto métodos secos (naturales) como húmedos (lavados), aunque el procesamiento natural es el más común debido al clima soleado del país.

COLOMBIA

Este país es conocido por su café arábica de alta calidad, su geografía variada, que incluye tanto las montañas de los Andes como las regiones de menor altitud, y comprende una amplia gama de microclimas. El «Triángulo del Café» formado por las regiones de Medellín, Armenia y Manizales es famoso por producir cafés con cuerpo medio, acidez brillante y sabores complejos, que incluyen notas de fruta, chocolate y frutos secos. El café colombiano, debido a su sabor suave y equilibrado, a menudo es el preferido por los entendidos.

PERÚ

Perú es un importante productor de café, con regiones cafeteras que se extienden por las tierras altas andinas: el norte del Amazonas y Cajamarca, así como el sur de Ayacucho y Cusco, son las más famosas. El café peruano a menudo muestra un cuerpo ligero con acidez afrutada y sabor a frutos secos. Conviene señalar también que Perú es uno de los principales productores de café orgánico, con muchos agricultores que practican métodos de cultivo tradicionales y respetuosos con el medioambiente.

ECUADOR

Este país es conocido tanto por su café de altitud de los Andes como por el cosechado a nivel del mar. La región de Loja, en particular, es célebre por sus granos de arábica de alta calidad. El café ecuatoriano a menudo tiene un cuerpo medio y una acidez brillante, con notas de sabor florales, a bayas dulces y frutas tropicales.

COSTA RICA

A pesar de su tamaño reducido, Costa Rica cuenta con ocho regiones principales de cultivo de café, cada una con perfiles de sabor únicos, entre ellas Tarrazú, Valle Occidental y Guanacaste. Los cafés costarricenses suelen tener un cuerpo medio y una acidez pronunciada, con notas de sabor que van desde cítricos brillantes hasta caramelo. Costa Rica también es famosa por sus cafés proceso honey, que retienen parte del mucílago de la cereza del café, lo que conduce a una taza dulce y compleja.

BOLIVIA

Cultivado principalmente en las regiones de Yungas, Caranavi y South Yungas, el café boliviano es conocido por su acidez frutal brillante, cuerpo medio y sabores dulces y a frutos secos. La gran altitud y los suelos fértiles de las laderas andinas contribuyen a conferirle un perfil de sabor único. Sin embargo, la producción es a pequeña escala debido a una logística de transporte intrincada y a la competencia con otros cultivos comerciales. A pesar de estos retos, los agricultores de café bolivianos a menudo se centran en la calidad en lugar de la cantidad, lo que resulta en algunos cafés de especialidad excepcionales.

CENTROAMÉRICA Y NORTEAMÉRICA

Esta región cuenta con áreas de cultivo de café de gran altitud (generalmente entre 1200 y 1800 metros) y suelos volcánicos, que son ricos en minerales y ofrecen un excelente drenaje. El clima, caracterizado por una temporada seca y otra lluviosa, proporciona condiciones ideales para el cultivo y procesamiento del café. Bourbon, typica y caturra se encuentran entre las variedades más comúnmente cultivadas.

HONDURAS

Honduras es un importante país productor de café, a menudo se ve eclipsado por sus vecinos más reconocidos. Copán y Montecillos se encuentran entre las principales regiones productoras de un café generalmente con un cuerpo medio, una acidez suave y notas de sabor que van desde frutas tropicales hasta caramelo y frutos secos. Cada vez más, los agricultores hondureños se centran en producir cafés de alta calidad y de especialidad, contribuyendo a la creciente reputación del país en el sector.

MÉXICO

Conocido por sus plantaciones de café de gran altitud, México produce granos con un sabor suave y un dulzor pronunciado. Las principales regiones productoras incluyen Chiapas, Veracruz y Puebla. En particular, Chiapas, que limita con Guatemala, es famosa por sus granos de alta calidad con un cuerpo ligero, una acidez brillante y un sabor a frutos secos característico. La cultura del café mexicano también está estrechamente ligada a sus comunidades indígenas, que lo han cultivado durante generaciones.

GUATEMALA

El café guatemalteco es reverenciado por sus perfiles de sabor distintivos, resultantes de los diversos microclimas del país. Las principales regiones productoras de café incluyen Antigua, Huehuetenango y Cobán. Los cafés guatemaltecos a menudo tienen un cuerpo completo, una acidez brillante y sabores complejos, como chocolate, frutos secos y especias. Huehuetenango, departamento situado en las tierras altas, es reputado por su café excepcional con acidez afrutada y cuerpo completo.

EL SALVADOR

A pesar de ser el país más pequeño de América Central, El Salvador produce algunos cafés notables. Las principales regiones productoras incluyen Santa Ana, La Libertad y San Miguel. El café salvadoreño a menudo tiene un cuerpo medio, una textura suave en boca y perfiles de sabor entre el caramelo dulce, el azúcar moreno y cítricos brillantes y jugosos.

NICARAGUA

El café nicaragüense, cultivado en regiones como Jinotega, Matagalpa y Segovia, es suave pero sabroso. A menudo exhibe un cuerpo medio con acidez brillante y perfiles de sabor que van desde frutales hasta frutos secos. Matagalpa y Jinotega, en las tierras altas centrales del norte del país, son las principales regiones productoras, con un enfoque en el café a la sombra, cultivado bajo árboles o vegetación, lo que crea un microclima que protege las plantas de café, mejora la biodiversidad y produce granos con perfiles de sabor más complejos, equilibrados y suaves.

PANAMÁ

La región de Boquete, en la parte occidental del país, es conocida por su café arábica de alta calidad. El café panameño suele tener un cuerpo medio, acidez brillante y sabores complejos que pueden incluir frutas tropicales, bayas y cacao. Su café geisha es uno de los más caros del mundo, conocido por su perfil de sabor único y extraordinario.

ÁFRICA

África, la cuna del café, es famosa por sus regiones
de cultivo de gran altitud (en general entre 1200 y 2200 metros),
especialmente Etiopía y Kenia. La región del Gran Valle del Rift
cuenta con suelos volcánicos fértiles y un clima diverso.
El procesamiento lavado es común aquí, lo que contribuye
a dotarlo de una acidez brillante y un sabor limpio.
Las variedades comunes incluyen las etíopes tradicionales,
SL28 y SL34 en Kenia, y bourbon y typica en otras áreas.

ETIOPÍA

Lugar de origen del café, el país cuenta con
una impresionante variedad de sabores. Las
principales regiones cafetaleras son Sidamo,
Harrar y Yirgacheffe. El café de Sidamo es
conocido por su acidez, similar a la del vino,
y sus fuertes notas florales; Harrar destaca
por su cuerpo pesado y sabores picantes,
y Yirgacheffe, por su cuerpo ligero y similar
al té, con una acidez brillante y sabores
florales y frutales. La diversidad geográfica,
con montañas de gran altitud o áreas secas
de baja altitud, contribuye a estos perfiles
de sabor únicos.

KENIA

Ubicado en la costa este de África, este país
es famoso por su café arábica de alta calidad.
Las principales regiones cafetaleras incluyen
Nyeri, Kirinyaga y Meru, donde la altitud,
el rico suelo volcánico y un clima constante
contribuyen a la alta acidez del café,
su cuerpo completo y su fuerte frutosidad
vínica. El café keniano a menudo se procesa
utilizando un método único conocido como
doble fermentación.

UGANDA

A menudo eclipsado por los países vecinos
del África Oriental, Uganda es en realidad
el mayor exportador de café del continente,
en gran parte de granos robusta. Zonas
como el monte Elgon y la región occidental
alrededor de las montañas Rwenzori son
populares por su café arábica. El café
ugandés suele ser de baja acidez, de cuerpo
completo y con notas de sabor de frutas
dulces y chocolate. Especialmente, el café
bugisu de Uganda, cultivado en las laderas
del monte Elgon, es muy apreciado por su
frutalidad vínica.

RUANDA

El café de Ruanda, llamada «tierra de las
mil colinas» se cultiva a gran altitud y en
suelo volcánico, que le proporciona ricos
nutrientes. Las regiones señeras por su
producción de café de especialidad son
Kigali, Butare y Gisenyi. El café ruandés suele
tener una acidez brillante, similar a la de la
fruta roja, cuerpo medio y sabores complejos
descritos frecuentemente como dulces
y florales.

CONGO

A pesar de la historia tumultuosa del país, la producción de café ha sido un faro de esperanza para su desarrollo económico. En particular, la región oriental de Kivy ha emergido recientemente como productora de café arábica de alta calidad. El café del Congo suele tener cuerpo completo, acidez media y sabores que van desde chocolate negro hasta frutas brillantes.

TANZANIA

Las regiones cafetaleras de Tanzania son Kilimanjaro, Mbeya y Arusha. El café tanzano se caracteriza por su brillante acidez, similar a la del vino, cuerpo medio-completo, y notas de sabor a grosellas, pomelo y chocolate negro. El país es especialmente conocido por sus granos peaberry, mutación natural en la que solo un grano se desarrolla dentro de la cereza de café en lugar de los dos habituales.

COSTA DE MARFIL

Es uno de los mayores productores de café robusta del mundo, que suele ser fuerte, áspero y con mayor contenido de cafeína. El café se cultiva principalmente en las regiones del suroeste del país, como Daloa, Man y Duekoué. Estas áreas tienen condiciones climáticas y de suelo favorables para el cultivo de café, y producen granos que son parte de la industria cafetera de Costa de Marfil, aunque no es tan conocido por su café de especialidad como otras regiones.

BURUNDI

Similar al de su vecina Ruanda, el café burundés se cultiva a gran altitud y en suelo volcánico, condiciones ideales para el café arábica de alta calidad, con las regiones de Kayanza y Ngozi como las más destacadas por su café de especialidad. Suele tener una acidez brillante, cuerpo completo y sabores complejos, que incluyen frutas rojas dulces, notas florales y, ocasionalmente, un toque salado.

CAMERÚN

El café camerunés se cultiva en las tierras altas del oeste y las tierras bajas costeras y suele tener un cuerpo medio-completo, baja acidez y sabores terrosos y picantes o brillantes y afrutados. El país produce tanto granos arábica como robusta, el primero cultivado en las tierras altas más frescas y el segundo en las tierras bajas y cálidas.

ASIA

Los cafés asiáticos, especialmente los de Sumatra y Java,
se cultivan a diversas altitudes, generalmente entre 800
y 1500 metros. Los ricos suelos volcánicos, el clima tropical
de la región y el habitual procesamiento lavado contribuyen
a dotarlos de un perfil de sabor terroso y especiado.
Las variedades comúnmente cultivadas incluyen la typica,
la bourbon y otras de origen local.

INDONESIA

Este archipiélago cuenta con un paisaje diverso de cultivo de café. Las islas de Sumatra, Java y Célebes son las principales regiones cafetaleras. En Sumatra, en especial la región del lago Toba, hallamos un café fuerte y terroso, mientras que el de Java tiene un cuerpo pesado, con una acidez dulce y afrutada. El café de Célebes destaca por su perfil de sabor complejo, con un equilibrio entre dulzor y acidez, complementado con notas terrosas y especiadas.

VIETNAM

Vietnam es el segundo mayor productor de café a nivel mundial, principalmente de la variedad robusta. Las Tierras Altas Centrales, especialmente Lam Dong —y su capital, Da Lat—, son la principal región cafetalera. Aquí, los granos arábica, que se cultivan a gran altitud, tienen un cuerpo medio, baja acidez y sabores a chocolate y nuez. Los granos robusta del país son reconocidos por su sabor fuerte y ligeramente amargo. La cultura del café vietnamita también es famosa por sus preparaciones únicas, como el café de huevo y el café con leche condensada.

CHINA

Aunque el país no es conocido tradicionalmente por su café, la provincia de Yunnan se ha erigido como una región cafetalera relevante. La altitud y el suelo rico proporcionan las condiciones ideales para el cultivo de café arábica. El café chino a menudo tiene un cuerpo ligero, acidez brillante y sabores a frutas y nueces. A medida que la industria china crece, lo hacen también la producción y el consumo de café de especialidad.

INDIA

En India, el café se cultiva a la sombra y de manera orgánica, predominantemente en las colinas del sur, en los Estados de Karnataka, Kerala y Tamil Nadu, y se caracteriza por su sabor suave y equilibrado, con un toque especiado. La variedad de Malabar monzónica, que pasa por un proceso especial en el que los granos cosechados se exponen a las lluvias del monzón, tiene un perfil de sabor único, picante y aromático.

YEMEN

El paisaje accidentado y árido de Yemen alberga algunas de las prácticas de cultivo de café más antiguas del mundo. El café del país, especialmente el de las regiones de Sana'a, Ibb y Haimi, se caracteriza por su acidez vínica, cuerpo completo y sabores ricos y complejos, que incluyen frutas oscuras, chocolate y especias.

TAILANDIA

Las principales regiones productoras de Tailandia son las norteñas Chiang Mai y Chiang Rai. El café tailandés suele tener un cuerpo medio-completo, baja acidez y sabores que incluyen frutas dulces, nueces y especias. El café de Lanna, cultivado en las colinas del norte, merece una mención especial por su rico sabor y aroma.

FILIPINAS

Las regiones de este país que cultivan café son Batangas, Davao y South Cotabato. Filipinas es uno de los pocos productores de las cuatro principales variedades de café: arábica, robusta, liberica (Barako) y excelsa. El café filipino destaca por su amplia variedad de perfiles de sabor, desde el fuerte y picante de Barako hasta los dulces y delicados de arábica.

LAOS

Aunque Laos es un productor de café relativamente pequeño, cultiva café en el Plateau de Bolaven, una región montañosa con condiciones climáticas ideales para el cultivo. Sus cafés se caracterizan por su perfil de sabor distintivo, que incluye notas de frutas dulces y matices terrosos y profundos.

EL PACÍFICO

Esta región incluye climas tan diferentes como los de Papúa Nueva Guinea y Hawái. Por ejemplo, el café Kona de Hawái se cultiva en laderas volcánicas a una altitud entre 600 y 900 metros. Las abundantes lluvias de la región, la temperatura constante y los ricos suelos volcánicos marcan la calidad del café. El procesamiento lavado es común, lo que contribuye al sabor limpio y la acidez brillante. El typica de Kona es la variedad dominante en Hawái, mientras que en Papúa Nueva Guinea lo son el arusha y el typica.

HAWÁI

La principal isla del archipiélago al que da nombre, famoso por sus impresionantes paisajes volcánicos y diversos microclimas, alberga una próspera industria cafetera, donde el café Kona de las laderas de las montañas destaca como una de las variedades más prestigiosas y buscadas a nivel mundial. Estos granos, cultivados en suelos ricos en minerales y bañados por el suave sol, cuentan con un perfil de sabor caracterizado por un cuerpo medio, una acidez vibrante y una complejidad cautivadora que revela deliciosas notas de frutas tropicales, chocolate y nueces, lo que lo convierte en uno de los favoritos entre los entusiastas y conocedores del café.

PAPÚA NUEVA GUINEA

En este país, el café suele cultivarse en las tierras altas orientales, particularmente en las regiones alrededor del Monte Hagen, y destaca por su cuerpo medio, acidez moderada y perfil de sabor complejo, que puede incluir frutas dulces, notas terrosas y, a veces, un toque ahumado.

EL CARIBE

Esta región, que incluye Jamaica y Puerto Rico, con un terreno montañoso —con una altitud entre los 400 y los 1700 metros—, clima tropical y suelo volcánico, atesora las condiciones ideales para cultivar café de alta calidad. La región Blue Mountain en Jamaica es particularmente famosa. El procesamiento lavado es común, lo que contribuye a conformar el sabor brillante y limpio del café. Las variedades dominantes cultivadas incluyen Blue Mountain, typica y bourbon.

TRINIDAD Y TOBAGO

La principal región cafetalera de Trinidad es el área montañosa alrededor de Northern Range. El café trinitario destaca por su cuerpo medio, acidez equilibrada y una variedad de sabores que pueden incluir frutas dulces, nueces y especias. A pesar de su pequeño tamaño, esta nación insular produce café arábica de alta calidad.

JAMAICA

Jamaica es famosa por su café *premium* Blue Mountain, cultivado en la región este homónima. El café jamaicano es conocido por su acidez brillante, cuerpo medio y sabores complejos que a menudo incluyen frutas tropicales, nueces y cacao. Quizá precisamente por la reducida producción del país, el Blue Mountain es uno de los más caros y buscados en el mundo.

CUBA

El café se cultiva principalmente en las regiones montañosas del este, particularmente en Sierra Maestra. El café cubano tiene un sabor fuerte y audaz, cuerpo completo y baja acidez, en general con un toque de chocolate. A pesar de los desafíos económicos y políticos que afectan a su industria cafetalera, el café Cubita es famoso a nivel mundial.

PUERTO RICO

Las regiones cafetaleras de Puerto Rico incluyen Yauco, Adjuntas y Maricao. El café puertorriqueño, especialmente la variedad Yauco Selecto, destaca por su cuerpo y acidez equilibrados, suave textura en boca y notas de sabor que van desde frutales hasta achocolatadas. A pesar de los desafíos a los que se enfrenta, como desastres naturales y problemas económicos, Puerto Rico continúa produciendo un café de alta calidad.

Las principales regiones cafetaleras de la República Dominicana incluyen Barahona, Cibao, Neyba y Azua. El café dominicano posee un cuerpo medio-completo, acidez equilibrada y sabores ricos, que incluyen chocolate, caramelo y cítricos. El café de gran altitud del país, en particular, tiene una calidad superior y a menudo un perfil de sabor ligeramente dulce y afrutado.

A pesar de su historia turbulenta, Haití tiene una rica tradición de cultivo de café, principalmente en regiones como Thiotte y Beaumont. El café haitiano generalmente se cultiva de manera orgánica en pequeñas fincas y es conocido por su acidez suave, cuerpo medio-completo y sabores que incluyen frutas dulces y chocolate. En particular, el café Blue Pine Forest, primo hermano del café Blue Mountain de Jamaica, es muy apreciado.

MÉTODOS DE PROCESAMIENTO

El procesamiento se refiere al conjunto de métodos utilizados para transformar las cerezas de café recién cosechadas en granos secos listos para tostar. Estos métodos incluyen procesos como lavado, natural y honey, cada uno de los cuales influyen en el perfil de sabor final del café.

PROCESO
LAVADO

Este es el método de procesamiento más común. Inmediatamente después de la recolección, las cerezas de café se despalillan para eliminar la piel exterior y la pulpa. Los granos resultantes, cubiertos de mucílago, se remojan en tanques de fermentación durante 24-48 horas. Este proceso de fermentación disuelve el mucílago pegajoso. Después, los granos se lavan con agua limpia y se secan. El proceso de lavado a menudo da como resultado un sabor limpio con una acidez brillante.

PASO A PASO

1   Las cerezas de café se cosechan y se clasifican para eliminar las verdes, pasadas o defectuosas.

2   Las cerezas pasan por máquinas despulpadoras para eliminar la piel exterior y la pulpa.

3   Los granos, aún cubiertos por una capa de mucílago, se remojan en tanques de fermentación. El proceso de fermentación, que puede durar entre 24 y 72 horas, dependiendo del clima y la altitud, descompone el mucílago.

4   Los granos se lavan cuidadosamente con agua limpia para eliminar el mucílago restante.

5   Finalmente, los granos se secan, ya sea al sol en patios o camas elevadas, o mecánicamente en grandes secadoras, hasta que alcanzan un contenido de humedad óptimo de aproximadamente el 10-12%.

PROCESO NATURAL

En el proceso natural, las cerezas de café se secan directamente después de la cosecha, a menudo al sol, y se voltean regularmente para garantizar un secado uniforme. Una vez que las cerezas están completamente secas, se despulpan para eliminar la piel y la pulpa secas. Este método puede dar lugar a un perfil de sabor dulce, de cuerpo completo y afrutado, ya que el grano tiene más tiempo para interactuar con los azúcares naturales de la cereza.

PASO A PASO

1 Después de ser cosechadas y clasificadas, las cerezas de café enteras se distribuyen en capas delgadas en patios o camas de secado elevadas.

2 Las cerezas se voltean regularmente para garantizar un secado uniforme y evitar el moho o la fermentación. Este proceso de secado puede durar varias semanas.

3 Una vez completamente secas, las cerezas se despulpan en una despulpadora para eliminar la piel y la pulpa secas.

PROCESO HONEY

Este método es un híbrido de los procesos lavado y natural. Se elimina la piel, pero parte o todo el mucílago (la «miel») permanece en el grano durante el secado. Dependiendo de la cantidad de mucílago que quede, esto puede clasificarse adicionalmente en procesos honey blanco, amarillo, rojo o negro. El proceso honey a menudo produce una taza que combina la acidez brillante de los cafés lavados con el cuerpo y el dulzor de los cafés naturales.

PASO A PASO

1   Se cosechan las cerezas de café y se despulpan, pero parte o todo el mucílago (la «miel») se deja en el grano.

2   Luego, los granos se secan con el mucílago aún adherido. La cantidad de este que queda en el grano puede variar, lo que resulta en diferentes clasificaciones (honey blanco, amarillo, rojo o negro).

3   Una vez secos al nivel deseado, se elimina el mucílago restante, y los granos se almacenan para el reposo.

PROCESO
SEMILAVADO

Este proceso, común en Indonesia, es otro método híbrido. Una vez cosechadas, las cerezas se despulpan y los granos, aún cubiertos de mucílago, se secan parcialmente antes de que este se elimine. Luego, se secan nuevamente para alcanzar el contenido de humedad final deseado. Este método a menudo produce un café con un cuerpo pesado y baja acidez, con sabores terrosos y especiados.

PASO A PASO

1 Después de la cosecha, las cerezas de café se despulpan, dejando los granos cubiertos de mucílago.

2 Estos granos se secan parcialmente, luego se elimina el mucílago en una máquina descascarilladora mientras los granos aún están húmedos.

3 Los granos se secan nuevamente, generalmente en patios o esteras, hasta que alcanzan el contenido de humedad deseado.

FERMENTACIÓN ANAERÓBICA

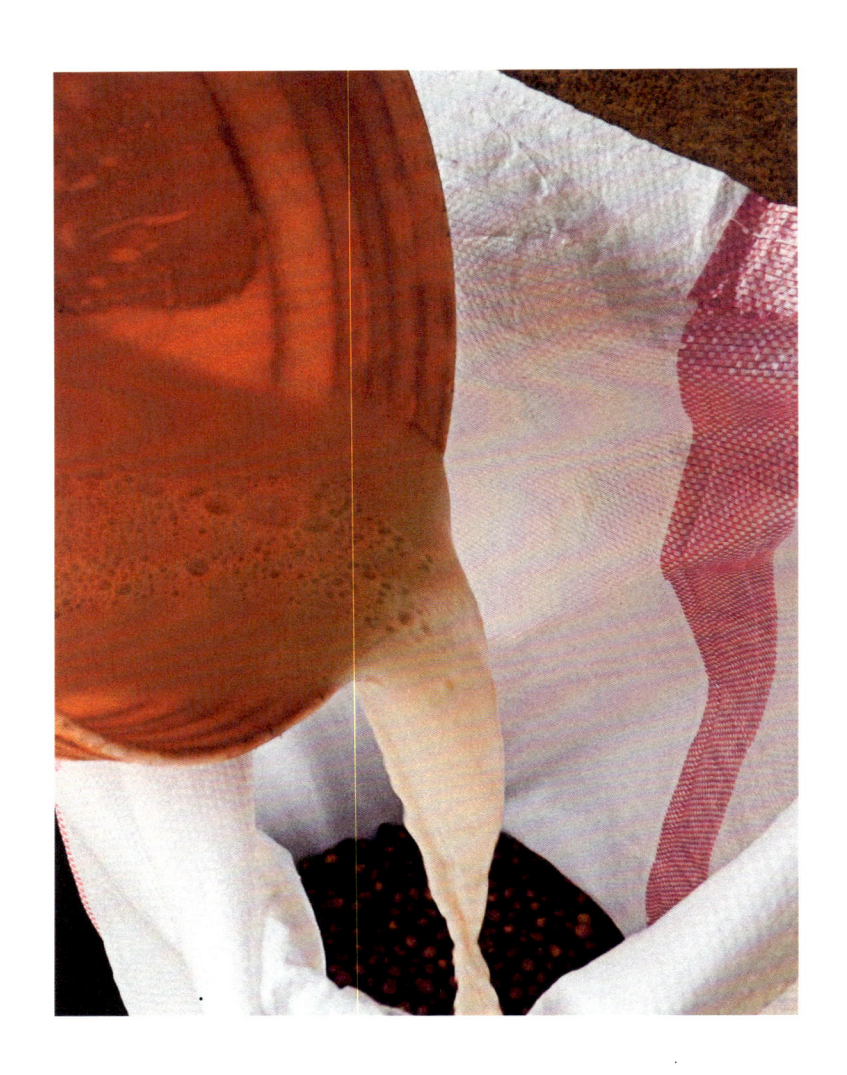

Este es un método más reciente en el que las cerezas de café y los granos despulpados se fermentan en un ambiente sellado y libre de oxígeno. La falta de oxígeno altera drásticamente el proceso de fermentación y puede crear perfiles de sabor únicos e intensos. Los detalles de este método pueden variar ampliamente, a veces la fermentación se lleva a cabo en barricas de vino, ron o whisky para conferir sabores adicionales.

PASO A PASO

1   Las cerezas de café y los granos despulpados se colocan en un tanque sellado y sin oxígeno.

2   Las cerezas y los granos se dejan fermentar durante un tiempo que puede variar desde unas pocas horas hasta varios días.

3   Después de la fermentación, los granos se lavan y se secan directamente, según el perfil de sabor deseado.

MACERACIÓN CARBÓNICA

Tomado de la industria del vino, este método implica colocar cerezas de café enteras en un ambiente sellado y sin oxígeno lleno de dióxido de carbono. El ambiente de alta presión facilita un estilo singular de fermentación intracelular, lo que da como resultado perfiles de sabor únicos, frecuentemente caracterizados por una intensa frutosidad y sabores similares al vino.

PASO A PASO

1. Las cerezas de café enteras se colocan en un tanque sellado lleno de dióxido de carbono.

2. Se produce un tipo de fermentación intracelular a alta presión dentro de las propias cerezas.

3. Después de un período predeterminado, las cerezas se retiran del tanque y los granos se extraen y se secan.

Cada método requiere un control cuidadoso de muchas variables, desde el grado de madurez de las cerezas en la cosecha hasta las condiciones de secado. Todos estos factores contribuyen a definir el perfil de sabor final del café.

SELECCIONAR EL CAFÉ

Seleccionar los granos de café adecuados es un arte que combina curiosidad, conocimiento y un toque de aventura. Ya sea en un tostador local, explorando opciones en línea o paseando por una cafetería, entender cómo tomar decisiones informadas puede mejorar tu experiencia.

LA CALIDAD IMPORTA

Cuando buscas cafés excepcionales, la calidad debe ser prioritaria en tu proceso de selección. Los granos de café se clasifican según factores como el tamaño, la densidad y los defectos. Busca granos con una alta puntuación, ya que es más probable que produzcan una taza satisfactoria y llena de sabor.

MÉTODOS DE PROCESAMIENTO

El método de procesamiento del café —que incluye el lavado, natural, honey y los experimentales— influye enormemente en su perfil de sabor. Conocer el método de procesamiento te dará una idea de qué sabores puedes esperar. Por ejemplo, los cafés procesados naturalmente a menudo tienen notas frutales pronunciadas, mientras que los lavados tienden a ser más limpios y brillantes.

ORIGEN Y *TERROIR*

Explorar el origen del café es como embarcarse en un viaje alrededor del mundo. Cada región aporta sabores distintos. El café de Etiopía puede tener notas florales y frutales, mientras que los granos de Colombia pueden ofrecer un equilibrio entre brillo y cuerpo. Entender el *terroir* de cada región puede guiar tus preferencias.

NIVEL DE TUESTE

El tueste es un arte que transforma los granos de café verdes en marrones y aromáticos. Los tuestes ligeros conservan los sabores originales de los granos, mostrando las sutilezas del origen. Los tuestes medios logran un equilibrio entre sabor y características del tueste. Los tuestes oscuros ofrecen sabores audaces, con matices derivados del tueste. Elige un nivel de tueste que concuerde con tus preferencias de sabor.

ORIGEN ÚNICO *VS.* MEZCLAS

Decidir entre café de origen único y mezclas depende de tu paladar. Los granos de origen único proporcionan una expresión directa de los sabores de una región. Las mezclas, por otro lado, combinan cafés de diversos orígenes para lograr un perfil de sabor específico. Experimenta con ambos para descubrir tus preferencias.

FRESCURA Y FECHA DE TUESTE

La frescura es fundamental para un gran café. Los sabores del café alcanzan su punto álgido poco después del tueste y disminuyen con el paso del tiempo. Desde la fecha de tueste, nosotros recomendamos que un café haya tenido por lo menos 15 días de reposo. Es importante que el café recién tostado se desgasifique, porque durante el proceso de tostado los granos liberan dióxido de carbono y otros gases. Asegúrate de que el café haya tenido por lo menos dos semanas de reposo desde la fecha de tueste y que, por lo tanto, se haya desgasificado durante unos días para después obtener una extracción óptima.

PRUEBA ANTES DE COMPRAR

Cuando sea posible, prueba el café antes de comprar una cantidad mayor. La mayoría de tostadores tienen paquetes de tamaño reducido para este propósito. Probar antes de comprar asegura que tu elección se ajuste a tus preferencias.

NOTAS DE CATA Y DESCRIPCIONES

Las notas de cata que aparecen en las bolsas de café ofrecen información sobre los sabores que encierran. Palabras como «chocolate», «cítricos» o «caramelo» pueden guiar tus expectativas. Sin embargo, recuerda que la cata es subjetiva: lo que percibes podría diferir ligeramente de las descripciones del empaquetado.

¿EXISTE EL CAFÉ DE ESPECIALIDAD DESCAFEINADO?

Existe la idea de que un buen café tiene que contener cafeína, no obstante, se pueden encontrar cafés de especialidad descafeinados excepcionales. Estos cafés pasan por procesos de descafeinización cuidadosos que preservan sus características organolépticas. Los métodos más utilizados son el proceso Swiss Water, el método de CO_2 supercrítico y el de caña de azúcar, que eliminan la cafeína de forma natural y segura. A pesar de la descafeinización, estos cafés mantienen su sabor distintivo, cuerpo y aroma, por lo que ofrecen una experiencia sensorial completa. Así, se puede disfrutar de un buen café sin comprometer la calidad ni los sabores únicos del café de especialidad.

Al entender estos factores y abordar la selección de café con curiosidad estás en camino de disfrutar de una taza que complazca a tus papilas gustativas. La experiencia del café es algo dinámico y sujeto a cambios, y tu papel como comprador informado agrega profundidad y emoción a tu experiencia.

CAFÉ EN CASA

EXPERIMENTA EN CASA

Introducir el arte del café de especialidad en casa es un viaje emocionante y accesible que no requiere una gran inversión. Existen numerosos métodos para preparar café, cada uno con sus características únicas que afectan al sabor y la experiencia.

Desde la clásica Moka Pot italiana, que produce un café denso y aromático, hasta la meticulosa Chemex, que resalta la claridad y la pureza de cada nota de sabor, cada método tiene su encanto y particularidad.

En este capítulo, exploramos los métodos esenciales que te permitirán preparar café de especialidad con facilidad y precisión en casa. Aunque la elección del método puede parecer abrumadora, cada uno ofrece la oportunidad de personalizar tu experiencia según tus preferencias de sabor y ritual. Desde la simplicidad de la prensa francesa hasta la complejidad técnica del AeroPress, todos comparten un objetivo común: extraer lo mejor del café para disfrutarlo en su máxima expresión.

Aquí descubrirás cómo estos métodos transforman los granos cuidadosamente seleccionados en tazas que te harán pasarte al café de especialidad sin ninguna duda. Ya prefieras la intensidad y la riqueza de un *espresso* o la claridad y limpieza de un café filtrado, cada método tiene su lugar en la amplia cultura del café de especia-

lidad. Con las siguientes recetas, ten en cuenta que cuanto más reciente sea la molienda de tu café, mejor resultado obtendrás. Recomendamos encarecidamente que muelas tu café en casa, no obstante, si no tienes molino, es mejor comprar café en pequeñas cantidades para que no pierda la frescura.

Una vez iniciado en la preparación del café en casa, experimenta con la molienda, el tiempo de calentamiento y la cantidad de café hasta encontrar el equilibrio perfecto según tus gustos personales.

MÉTODOS DE PREPARACIÓN

En las siguientes páginas te explicamos los distintos métodos de extracción de café, desde las técnicas de goteo hasta la máquina de *espresso*. Cada método tiene sus secretos, que compartimos en esta sección para que logres los mejores resultados.

POUR-OVER: UNA TRADICIÓN CENTENARIA

El método de vertido manual es muy antiguo, pero su resurgimiento moderno fue impulsado por la introducción de la cafetera de filtro Hario V60 en 2005. La simplicidad de este método es engañosa: verter agua caliente a través de una capa de café molido requiere precisión para lograr la extracción perfecta. El café resultante resalta las características únicas de los granos a través de una taza limpia y llena de sabor.

ELABORACIÓN

1 Coloca el filtro de papel en el V60 y enjuágalo con agua caliente para eliminar cualquier residuo de papel y precalentar el equipo. Desecha el agua usada para enjuagar.

2 Coloca el V60 sobre una taza o jarra y añade el café molido en el filtro. Nivela uniformemente la superficie del café.

3 Vierte agua caliente (alrededor de 50-60 ml) sobre el café molido con movimientos circulares concéntricos, asegurándote de cubrir todo el café. Deja que el café «florezca» durante unos 30 segundos. Esto permite que el café libere gases y mejore la extracción.

4 Continúa vertiendo agua caliente en movimientos circulares, añadiendo alrededor de 50-60 ml de agua a la vez y manteniendo un flujo constante. Ajusta la velocidad de vertido para controlar el tiempo de extracción total.

5 Una vez que hayas añadido toda el agua, espera a que el café termine de drenarse por completo, lo cual debería durar aproximadamente 2-3 minutos desde el inicio del vertido.

6 Retira el V60 y disfruta de tu café recién preparado. Sirve en una taza precalentada para mantener la temperatura óptima del café.

RATIO DE CAFÉ POR AGUA

Recomendamos una proporción de 1:15 a 1:17. Esto significa 1 parte de café por 15-17 partes de agua. Si usas, por ejemplo, 20 g de café molido, necesitarás aproximadamente 300 ml de agua.

MOLIENDA

Media-fina, con textura similar a la sal de mesa.

TEMPERATURA DEL AGUA

90-93 °C

❶ DATOS CURIOSOS

- La expresión japonesa para «vertido manual» es *kōhi sōsu*, que enfatiza el cuidadoso acto de verter agua.
- El vertido manual permite gran control sobre variables como la temperatura del agua y la velocidad de vertido.
- El método de vertido manual a menudo se asemeja a un «*espresso* manual» debido a su precisión.
- La etapa de «floración» en el vertido manual, donde los granos de café liberan dióxido de carbono, marca la fase inicial de la preparación.
- Una tetera de cuello de cisne, con su pico de vertido preciso, es esencial para dominar la técnica de vertido manual.

FRENCH PRESS: SABOR A NOSTALGIA

Patentada en 1929 por Attilio Calimani, la prensa francesa, también conocida como cafetera de émbolo, mantiene su encanto *vintage*. El café molido grueso reposa en agua caliente antes de ser prensado a través de un filtro de malla. El resultado es una taza rica y de cuerpo completo. Su diseño atemporal y su método sencillo le han asegurado un lugar en el corazón de los amantes del café durante décadas.

ELABORACIÓN

1 Calienta el agua hasta alcanzar una los 93-96 °C (justo antes de hervir).

2 Vierte el café molido en la French Press.

3 Vierte agua caliente sobre el café hasta llenarla.

4 Remueve suavemente con una cuchara para asegurarte de que todo el café esté completamente mojado.

5 Coloca la tapa con el émbolo elevado sobre la French Press, sin presionar. Deja reposar durante 4 minutos para una extracción ideal.

6 Lenta y suavemente, presiona el émbolo hacia abajo. Sirve el café inmediatamente después de presionar el émbolo para evitar una extracción excesiva y amargor.

7 Vierte el café en tu taza favorita y disfruta de su aroma y sabor fresco.

RATIO DE CAFÉ POR AGUA

1:15. En esta receta utilizaremos 23 g de café para 345 ml de agua.

MOLIENDA

Gruesa, similar a la del pan rallado.

TEMPERATURA DEL AGUA

93-96 °C

❶ DATOS CURIOSOS

- A pesar de que la primera versión fuera gala y sea conocida como prensa francesa, originalmente la patentó en Italia un diseñador milanés.
- El filtro de malla en una prensa francesa permite que más aceites y partículas finas se mezclen en la infusión.
- El diseño de la prensa francesa ha permanecido prácticamente inalterable desde su creación.
- El tiempo de reposo puede influir en el sabor: un reposo más corto produce una taza más ligera, mientras que uno más largo intensifica la infusión.
- El café de prensa francesa también se puede usar como base para recetas culinarias, agregando profundidad a platos como salsas y postres.

DE LA FINCA A LA TAZA

CAFETERA *ESPRESSO:* EL ARTE DE LA EXTRACCIÓN

La máquina de *espresso*, cúspide de la cultura moderna del café, revolucionó la forma en que lo bebemos. Sus orígenes se remontan a finales del siglo XIX, con los italianos Angelo Moriondo y Luigi Bezzera como protagonistas. Esta máquina utiliza agua a alta presión y café molido fino para extraer los sabores de forma concentrada. El resultado es una base potente, intensa y versátil. Existen innumerables cafeteras *espresso* en el mercado para todos los bolsillos.

ELABORACIÓN

1 Calienta tu máquina de *espresso* y asegúrate de que esté a la temperatura correcta. Comprueba que el portafiltro esté limpio y seco. Llena el portafiltro con café molido, distribuyéndolo uniformemente y presionándolo ligeramente con un *tamper*.

2 Coloca el portafiltro en la máquina de *espresso* y comienza la extracción inmediatamente. El tiempo de extracción debe ser de aproximadamente 25-30 segundos para obtener un buen *espresso*.

3 Durante la extracción, observa la formación de la crema y ajusta la molienda si es necesario para alcanzar el tiempo de extracción mencionada.

4 Disfruta de tu *espresso* solo o como base para otras bebidas de café: cortados, *lattes*, *cappuccino*, etc.

RATIO DE CAFÉ POR AGUA

Para una taza de *espresso* de aproximadamente 40 ml, utilizaremos alrededor de 18-20 gramos de café.

MOLIENDA

Fina, similar al azúcar glas.

TEMPERATURA DEL AGUA

90-95 °C

❶ DATOS CURIOSOS

• Las máquinas de *espresso* funcionan con alrededor de 9 bares de presión, que se asemejan al entorno de alta presión de los géiseres volcánicos que inspiraron el concepto.

• La «crema», la capa espumosa en la parte superior de un *espresso*, contiene compuestos aromáticos vitales que mejoran la experiencia de cata.

• Las máquinas de *espresso* se dividen en varios tipos, incluidos el manual de palanca, el semiautomático, el automático y el superautomático, cada uno con niveles distintos de control.

CHEMEX: ELEGANCIA Y SENCILLEZ

La Chemex del doctor Peter Schlumbohm, inventada en 1941, es una unión de arte y ciencia. Su forma de reloj de arena y los filtros de papel trabajan en armonía para producir una taza de café limpia y nítida. El diseño se asemeja a un matraz de laboratorio, un guiño al trabajo como químico de su creador.

ELABORACIÓN

1 Coloca el filtro de papel en el cono Chemex y enjuágalo con agua caliente para eliminar cualquier sabor residual del papel y calentar la Chemex. Desecha el agua de enjuague.

2 Agrega el café molido al filtro enjuagado y distribúyelo uniformemente.

3 Comienza vertiendo agua caliente (alrededor de 90-95 °C) sobre el café con movimientos circulares, asegurándote de mojar todo el café uniformemente.

4 Deja que el café «florezca» durante unos 30-45 segundos. Esto permite que el café libere gases y mejore la extracción.

5 Después de la fase de floración, continúa vertiendo agua con movimientos circulares y lentos hasta alcanzar el nivel deseado en la Chemex.

6 Mantén una relación café-agua constante y evita llenar la Chemex demasiado rápido para controlar la extracción.

7 Una vez que hayas terminado de verter agua, espera a que todo el café se filtre por completo. Retira con cuidado el filtro y desecha los posos de café.

8 Sirve el café recién hecho en tazas precalentadas.

RATIO DE CAFÉ POR AGUA

1:16. En esta receta utilizaremos 30 g de café para 500 ml de agua, ideal para la Chemex de 6 tazas.

MOLIENDA

Media-gruesa, similar a la de la sal gorda.

TEMPERATURA DEL AGUA

90-95 °C

❗ DATOS CURIOSOS

- Los filtros Chemex son hasta un 30 % más gruesos que los filtros de café tradicionales, y capturan eficazmente aceites y sedimentos finos.
- El diseño de la Chemex le ha valido un lugar en la colección permanente del MoMA.
- Su construcción de vidrio no poroso no absorbe olores ni residuos químicos, lo que contribuye a la pureza de cada preparación.

DE LA FINCA A LA TAZA

AEROPRESS: CAFÉ PARA LLEVAR

Inventado por el físico Alan Adler en 2005, el Aeropress rápidamente se convirtió en el favorito de aquellos que buscaban una solución portátil para hacer café. Consta de dos cámaras cilíndricas y un émbolo, y crea presión para empujar el café molido a través de un filtro. Su versatilidad permite una variedad de estilos de preparación, lo que lo convierte en una herramienta esencial tanto para principiantes como para conocedores.

ELABORACIÓN

1 Calienta el agua a aproximadamente 85-90 °C.

2 Coloca el filtro de papel en el disco del filtro y enjuágalo con agua caliente para eliminar residuos y calentar el equipo.

3 Asegura el émbolo en la posición inferior del cilindro AeroPress y coloca el cilindro sobre una taza resistente.

4 Añade el café molido al cilindro AeroPress.

5 Vierte el agua caliente sobre el café y agita durante unos segundos para asegurar una distribución uniforme del agua.

6 Coloca el émbolo sobre el cilindro sin presionar, permitiendo que el café se infusione durante aproximadamente 1 minuto.

7 Después de la infusión, lentamente presiona el émbolo hacia abajo para filtrar el café a través del filtro de papel. La extracción debe durar alrededor de 20-30 segundos.

8 Una vez extraído, agrega más agua caliente o leche según tus gustos. Remueve suavemente y disfruta de tu café AeroPress.

RATIO DE CAFÉ POR AGUA

1:16. En esta receta utilizaremos 15 g de café para 250 ml de agua.

MOLIENDA

Fina, similar a la de la sal de mesa.

TEMPERATURA DEL AGUA

85-90 °C

❶ DATOS CURIOSOS

- El campeonato de Aeropress es un evento anual donde competidores de todo el mundo muestran sus habilidades para preparar café.
- Su corto tiempo de preparación implica un lapso mínimo de contacto entre el agua y el café, lo que produce una taza suave y limpia.

MOKA POT: UN CLÁSICO DE CUALQUIER COCINA

La cafetera Moka —o cafetera italiana— creada por Alfonso Bialetti en 1933, y luego patentada por Luigi De Ponti, fusiona la artesanía tradicional italiana y la innovación contemporánea con un toque *art déco*. Funciona de la siguiente manera: cuando el agua hierve en el depósito inferior asciende hasta el superior, pasando por el filtro donde se halla el café. El resultado es un café fuerte y concentrado entre el *espresso* y el café filtrado.

ELABORACIÓN

1 Llena la cámara inferior de la cafetera moka con agua precalentada a 90 °C hasta justo debajo de la válvula de seguridad. Coloca el café molido en el filtro sin prensarlo, asegurándote de que esté nivelado.

2 Asegura el filtro con el café en la cámara inferior y enrosca la cámara superior firmemente.

3 Coloca la cafetera a fuego medio-bajo. Mantén la tapa abierta para observar el proceso de extracción.

4 El agua caliente comenzará a generar presión, pasará a través del café y subirá hacia la cámara superior. Entonces escucharás un sonido característico de burbujeo cuando el proceso esté casi completo.

5 Retira la cafetera del fuego tan pronto como escuches el burbujeo para evitar quemar el café y enfría la cámara inferior de la cafetera poniéndola debajo del grifo. Esto para la extracción rápidamente.

RATIO DE CAFÉ POR AGUA

Muy sencillo, llena el cacillo de la cafetera hasta arriba sin prensarlo y nivélalo con la parte roma de un cuchillo. En cuanto al agua, llena la cámara inferior justo debajo de la válvula (aproximadamente 10 g de café por cada 100 ml de agua).

MOLIENDA

Fina, similar a la de la sal de mesa.

❶ DATOS CURIOSOS

- La popularidad de la cafetera Moka se disparó debido a su precio asequible y su capacidad para producir un café que recuerda al *espresso*.
- Su diseño ha permanecido prácticamente inalterable desde su creación, lo que demuestra su atractivo atemporal.

RECETAS

El café, además de disfrutarse como bebida en recetas como el cappuccino o el café helado, se utiliza también en la cocina como condimento e ingrediente, tanto en aperitivos como en platos principales, postres y cócteles.

CAPPUCCINO

La famosa bebida de café italiana que combina el delicioso *espresso*, la textura aterciopelada de la leche vaporizada y una cucharada de leche espumada.

INGREDIENTES

- 1 café *espresso* recién preparado
- ⅓ de taza de leche vaporizada
- ⅓ de taza de leche espumada

ELABORACIÓN

1 Prepara un *espresso* utilizando una máquina de *espresso* (sigue las instrucciones de las páginas 130-131).

2 Vaporiza la leche usando la varita de vapor de la máquina o, en su defecto, un vaporizador manual, hasta que quede suave y cremosa. Espuma la parte superior de la leche hasta que forme una capa espesa y cremosa.

3 Vierte el *espresso* en una taza y, a continuación, añade con cuidado la leche vaporizada, reteniendo la espuma con una cuchara.

4 Coloca la leche espumada encima para crear una capa densa de espuma y disfruta de tu *cappuccino*.

CAFÉ HELADO

Esta es una bebida refrescante a base de café frío y hielo, perfecta para los días calurosos. Puedes prepararla con o sin leche, según tus preferencias.

INGREDIENTES

- 1 taza de café
- Cubitos de hielo
- Un chorro de leche (opcional)

ELABORACIÓN

1 Prepara una taza de café con tu método preferido.

2 Deja que el café se enfríe hasta alcanzar la temperatura ambiente, o bien guárdalo en la nevera durante unas horas.

3 Llena un vaso alto con cubitos de hielo y vierte el café enfriado dentro.

4 Añade leche o endulzante, si lo deseas, y remueve.

MOCHA LATTE

El *mocha latte* es una deliciosa combinación de *espresso*, leche vaporizada y sirope de chocolate: un balance armonioso de sabores.

INGREDIENTES

- 1 *espresso* recién preparado
- ½ taza de leche vaporizada
- 2 cucharadas de sirope de chocolate
- Nata montada y/o virutas de chocolate, para terminar (opcional)

ELABORACIÓN

1 Prepara un *espresso*.

2 Vaporiza la leche hasta que esté suave y caliente y tenga algo de espuma.

3 En una taza, mezcla el *espresso* preparado con el sirope de chocolate.

4 Vierte lentamente la leche en la taza, removiendo para combinar.

5 Opcionalmente, cubre con nata montada o virutas de chocolate.

ACOSTUMBRADOS A TOMARLO COMO BEBIDA, SE NOS OLVIDA QUE PODEMOS SACAR PROVECHO AL CAFÉ PARA MAGNIFICAR PLATOS DEL DÍA A DÍA.

RECETAS CON CAFÉ

ENTRANTES

FRUTOS SECOS ESPECIADOS CON CAFÉ

4-6 RACIONES

Esta combinación de frutos secos está sazonada con una mezcla de café y especias, que la convierte en un aperitivo sabroso y adictivo.

INGREDIENTES

- 2 tazas de mezcla de frutos secos (almendras, anacardos, nueces, etc.)
- 1 cucharada de café molido
- 1 cucharadita de pimentón ahumado
- ½ cucharadita de pimienta de cayena
- 1 cucharada de miel
- Sal marina al gusto

ELABORACIÓN

1 Precalienta el horno a 175 ºC con ventilador y forra una bandeja para hornear con papel de horno.

2 En un bol, mezcla el café molido, el pimentón ahumado, la pimienta de cayena, la miel y la sal.

3 Añade los frutos secos al bol y mézclalos con las especias hasta que estén completamente cubiertos.

4 Esparce los frutos secos en la bandeja para el horno.

5 Tuesta en el horno durante 15-20 minutos, removiendo ocasionalmente, hasta que los frutos secos estén tostados y crujientes.

6 Deja enfriar los frutos secos antes de servirlos como un delicioso aperitivo.

BROCHETAS DE POLLO MARINADAS

Estas brochetas se marinan en una sabrosa combinación de salsa de soja, aceite y café y son ideales para servir como entrante o como plato principal acompañadas de verduras. Puedes cocinarlas también en la barbacoa.

INGREDIENTES

- ½ kg de muslo de pollo, en trozos del tamaño de un bocado
- 2 cucharadas de café
- 2 cucharadas de salsa de soja
- 1 cucharada de aceite de oliva, y más para cocinar
- 2 dientes de ajo, picados
- 1 cebolla blanca, en gajos
- 4-6 tomates cherry, partidos por la mitad
- Sal marina y pimienta negra recién molida

ELABORACIÓN

1. En un bol, combina el café, la salsa de soja, el aceite de oliva, el ajo picado y la sal y la pimienta negra.

2. Añade los trozos de carne a la marinada y deja reposar durante al menos 30 minutos en la nevera.

3. Ensarta la carne marinada en brochetas de metal o de madera, alternando con trozos de cebolla blanca y tomate cherry.

4. Calienta un poco de aceite de oliva en una sartén o parrilla a fuego alto y cocina las brochetas por ambos lados hasta que queden a tu gusto.

GAMBAS EN ADOBO DE CAFÉ

4 RACIONES
COMO APERITIVO

INGREDIENTES

- ½ kg de gambas grandes, peladas y desvenadas
- 1 cucharadita de café finamente molido
- 1 cucharadita de pimentón ahumado
- 1 cucharadita de azúcar moreno
- ½ cucharadita de ajo en polvo
- Sal marina y pimienta negra recién molida
- Unas hojas de cilantro, picadas, para decorar

PARA LA SALSA ROSA

- 100 g de mayonesa casera o de bote
- 2 cucharadas de kétchup
- 1 cucharada de zumo de naranja
- 1 cucharada de whisky, brandy o coñac (opcional)
- 1 chorrito de salsa Worcestershire
- Unas gotas de tabasco (al gusto)
- Una pizca de sal

Sorprende a tus invitados con estas gambas con adobo a base de café, que añade profundidad y complejidad al sabor dulce de la gamba, y acompáñalas con la clásica salsa rosa.

ELABORACIÓN

1 En un bol, combina el café molido, el pimentón, el azúcar moreno, el ajo en polvo, la sal y la pimienta negra.

2 Añade las gambas al bol y mézclalas con la marinada, asegurándote de que quedan cubiertas uniformemente. Deja reposar 10 minutos.

3 Mientras tanto, calienta una sartén a fuego medio-alto. Cocina las gambas hasta que se vuelvan rosadas y estén bien cocidas.

4 En otro bol, mezcla todos los ingredientes para la salsa.

5 Sirve las gambas adobadas con un poco de cilantro por encima y con salsa rosa para mojar.

PLATOS PRINCIPALES

ENTRECOT AL ROMERO Y CAFÉ

2 RACIONES

Esta forma de cocinar la carne asegura un resultado tierno y jugoso, con un delicioso aroma de romero y café que añade profundidad y complejidad. Perfecto para una cena especial.

INGREDIENTES

- 400 o 500 g de entrecot de ternera o vaca, o el corte que prefieras
- 1 cucharadita de café molido
- 1 cucharadita de azúcar moreno
- 1 cucharadita de pimentón ahumado
- ½ cucharadita de ajo en polvo
- 4 dientes de ajo machacados
- 30 g de mantequilla, más un poco para cocinar
- Unas ramas de romero
- Unos pocos granos de café
- Sal marina y pimienta negra recién molida

ELABORACIÓN

1   En un bol, combina el café molido, el azúcar moreno, el pimentón ahumado, el ajo en polvo, la sal y la pimienta negra para hacer el adobo.

2   Cubre generosamente la carne con el adobo de café por ambos lados.

3   Calienta un poco de mantequilla en una sartén a fuego alto y añade la carne adobada.

4   Cocina la carne ligeramente por ambos lados y añade el resto de mantequilla, los ajos machacados, el romero y los granos de café.

5   Con la ayuda de una cuchara, vierte la mantequilla derretida de la sartén por encima de la carne repetidamente, de manera que la mantequilla termine la cocción de la carne.

6   Deja reposar la carne unos minutos antes de servirla en la misma sartén.

COSTILLA DE TERNERA A BAJA TEMPERATURA

2 RACIONES GENEROSAS

Disfruta de estas costillas de ternera tiernas y suculentas cocinadas a baja temperatura. Constituyen un plato principal sabroso y reconfortante, ideal para un fin de semana de invierno.

INGREDIENTES

- 300 g de patata agria
- 30 g de mantequilla, en dados
- 50 ml de leche
- 60 ml de café
- 400 g de costilla de ternera
- Aceite de oliva virgen extra, para sofreír
- 250 ml de caldo de carne
- 1 cebolla, picada
- 3 dientes de ajo, picados
- 2 cucharadas de pasta de tomate
- 1 cucharada de azúcar moreno
- 1 cucharadita de tomillo seco
- Sal marina y pimienta negra recién molida

ELABORACIÓN

1 Precalienta el horno a 165 °C.

2 Calienta un chorro de aceite de oliva virgen extra en una sartén de hierro fundido a fuego medio-alto.

3 Dora la costilla por todos los lados. Retira y reserva.

4 En la misma olla, añade otro chorro de aceite de oliva y luego sofríe la cebolla picada y el ajo picado hasta que se ablanden. Añade la pasta de tomate, el azúcar moreno y el tomillo seco.

5 Vuelve a colocar la carne en la olla y vierte el café preparado y el caldo de ternera.

6 Cubre y transfiere la olla al horno precalentado, y cuece la costilla aproximadamente 2 horas y 30 minutos, hasta que quede tierna y jugosa.

7 Mientras tanto, prepara el puré de patatas. Calienta una olla con agua y sal a fuego alto. Cuando hierva, añade las patatas peladas y troceadas.

8 Transcurridos 15-20 minutos, pincha las patatas para asegurarte de que estén cocidas, y escúrrelas.

9 Pasa las patatas por un triturador de patatas o, en su defecto, un colador de malla fina.

10 Añade la leche, sazona a tu gusto y, antes de que se enfríe el puré, añade los dados de mantequilla, incorporándolos con la ayuda de una espátula.

11 Sirve la costilla acompañada del puré de patatas.

SALMÓN GLASEADO

Esta forma de glasear el salmón logra un equilibrio encantador entre sabores dulces y salados que, en combinación con los espárragos, son una opción saludable ideal.

INGREDIENTES

- Un manojo de espárragos verdes
- 2 filetes de salmón de 200 g cada uno
- Aceite de oliva, para cocinar
- 1 cucharada de café
- 1 cucharada de miel
- 1 cucharada de salsa de soja
- ½ cucharada de aceite de oliva, más un poco para cocinar
- 1 cucharadita de mostaza de Dijon
- 1 diente de ajo, picado
- Sal marina y pimienta negra recién molida
- Un gajo de limón, para sazonar

ELABORACIÓN

1 Pon agua a hervir en una olla de tamaño medio y prepara un bol grande con agua fría y cubitos de hielo.

2 Lava los espárragos, córtales los extremos y deséchalos. Añade los espárragos al agua hirviendo y deja que se cocinen durante 2 minutos.

3 Con la ayuda de una espumadera, transfiere los espárragos al bol con agua helada para detener la cocción.

4 En una sartén, calienta un chorro de aceite de oliva y saltea los espárragos hasta que queden dorados.

5 En un bol, prepara el glaseado mezclando el café, la miel, la salsa de soja, el aceite de oliva, la mostaza de Dijon, el ajo picado, la sal y la pimienta negra.

6 Con la ayuda de un pincel, cubre uniformemente los filetes de salmón con el glaseado.

7 Calienta un chorro de aceite en una sartén o parrilla a fuego medio-alto.

8 Cocina los filetes de salmón durante unos minutos de cada lado hasta que estén a tu gusto.

9 Pinta los filetes con más glaseado mientras cocinas.

10 Dispón unos pocos espárragos en cada plato a modo de base y, una vez cocido el salmón, colócalo encima.

11 Rocía con el glaseado restante y sirve con un gajo de limón.

POSTRES

TIRAMISÚ

Deléitate con capas de bizcochos de soletilla empapados en café, cremoso mascarpone y cacao en polvo en este clásico postre italiano.

INGREDIENTES

- 80 g de azúcar
- 2 yemas de huevos camperos
- 500 g de queso mascarpone
- 1 cucharadita de extracto de vainilla
- 350 ml de café frío
- 24 bizcochos de soletilla (melindros)
- Cacao puro en polvo, para espolvorear

ELABORACIÓN

1 En un bol, monta las yemas de huevo con el azúcar con la ayuda de una varilla hasta que se formen picos suaves.

2 Con la ayuda de una espátula, incorpora el queso mascarpone y el extracto de vainilla con movimientos envolventes hasta que quede bien integrado.

3 Vierte el café en una bandeja, remoja en él los bizcochos de soletilla uno por uno y disponlos de manera ordenada en otra bandeja, formando una capa uniforme.

4 Extiende una capa de la mezcla de mascarpone sobre los bizcochos.

5 Repite las capas hasta que se terminen los ingredientes, finalizando con una capa de mezcla de mascarpone en la parte superior.

6 Espolvorea con cacao puro en polvo.

7 Refrigera el tiramisú durante unas horas antes de servirlo.

MOUSSE DE CHOCOLATE Y CAFÉ

Esta versión de mousse de chocolate, aterciopelada y ligera, está aromatizada con el intenso sabor del café, que asegura una experiencia de postre diferente.

INGREDIENTES

- 115 g de chocolate semidulce para postres, troceado
- 2 cucharadas de café
- 2 cucharadas de mantequilla
- 2 huevos, las claras y las yemas separadas
- 50 g de azúcar granulado
- 115 ml de nata líquida
- Cacao en polvo o chocolate rallado, para decorar

ELABORACIÓN

1 Derrite el chocolate en un bol resistente al calor sobre una olla con agua hirviendo. Luego añade el café preparado y la mantequilla y remueve hasta que quede una mezcla suave. Reserva.

2 En un bol aparte, bate las yemas de huevo con la mitad del azúcar granulado hasta obtener una mezcla pálida y cremosa.

3 Vierte gradualmente la mezcla de chocolate en la mezcla de yemas de huevo, removiendo para combinar.

4 En otro bol, bate las claras de huevo con el azúcar restante a punto de nieve.

5 Incorpora suavemente las claras de huevo batidas en la mezcla de chocolate.

6 En otro bol, bate la nata líquida hasta que se formen picos suaves.

7 Incorpora cuidadosamente la nata batida en la mezcla de chocolate hasta que quede completamente incorporada.

8 Con la ayuda de una manga pastelera, transfiere la mousse a vasos individuales.

9 Refrigera durante unas horas para que la mousse se solidifique.

10 Antes de servir, decora con cacao en polvo o chocolate rallado.

PANNA COTTA DE CAFÉ Y COCO

La suavidad sedosa de la *panna cotta* y los sabores del café y del coco combinan a la perfección en este postre delicado.

INGREDIENTES

- 60 ml de café frío, y un poco más para decorar
- 1 sobre de gelatina sin sabor
- 250 ml de leche de coco
- 250 ml de nata líquida
- 100 g de azúcar granulado
- 1 cucharadita de extracto de vainilla

ELABORACIÓN

1 En un bol pequeño, espolvorea la gelatina sobre el café y déjala reposar para que se ablande.

2 En una cacerola, combina la leche de coco, la nata líquida, el azúcar y el extracto de vainilla. Calienta hasta que la mezcla esté tibia y el azúcar se haya disuelto.

3 Retira la cacerola del fuego y añade la mezcla de gelatina ablandada, removiendo hasta que se disuelva completamente.

4 Vierte la mezcla en vasos o moldes individuales.

5 Refrigera la *panna cotta* durante al menos 4 horas, o hasta que se solidifique, y sírvela con un chorro de café recién preparado.

CÓCTELES

ESPRESSO MARTINI

INGREDIENTES

- Cubitos de hielo
- 45 ml de vodka
- 30 ml de café *espresso* recién preparado, enfriado con hielo
- 30 ml de licor de café (por ejemplo, Kahlúa)
- 15 ml de de jarabe simple
- 3 granos de café, para decorar

Combina la intensidad del café con la elegancia de un clásico Martini para una experiencia de cóctel sofisticada.

ELABORACIÓN

1 Llena una coctelera con cubitos de hielo.

2 Añade el vodka, el *espresso*, el licor de café y el jarabe simple a la coctelera.

3 Agita vigorosamente hasta que esté bien frío.

4 Cuela el cóctel en una copa de martini enfriada.

5 Decora con unos granos de café en la parte superior.

OLD FASHIONED DE CAFÉ

1 RACIÓN

Dale un giro moderno al clásico Old Fashioned añadiendo los ricos matices del café y *bitters* aromáticos.

INGREDIENTES

- 60 ml de bourbon o whisky de centeno
- 15 ml de licor de café (por ejemplo, Tia Maria)
- 2 gotas de *bitters* aromáticos
- Cubitos de hielo
- Una tira de piel de naranja, para decorar
- Granos de café, para decorar (opcional)

ELABORACIÓN

1 En un vaso mezclador, combina el bourbon o el whisky de centeno, el licor de café y los *bitters* aromáticos.

2 Añade cubitos de hielo al vaso mezclador y remueve hasta que esté bien frío.

3 Cuela el cóctel en un vaso bajo con un cubo de hielo grande.

4 Exprime los aceites de la tira de piel de naranja sobre el cóctel y luego introdúcela en el vaso.

5 Decora con unos granos de café, si lo deseas.

CAFÉ IRLANDÉS

Combina el calor reconfortante del café con la riqueza del whisky irlandés y la cremosidad de la nata montada en este clásico entre clásicos.

INGREDIENTES

- 45 ml de whisky irlandés
- 30 ml de jarabe simple
- 120 ml de café recién preparado y caliente
- Nata ligeramente batida
- Nuez moscada o cacao en polvo, para decorar (opcional)

ELABORACIÓN

1 Precalienta un vaso alto llenándolo con agua caliente y luego vaciándolo.

2 Añade el whisky irlandés y el jarabe simple al vaso.

3 Vierte el café recién preparado y remueve suavemente.

4 Coloca una capa de nata montada sobre el café.

5 Decora con una pizca de nuez moscada o cacao en polvo, si lo deseas.

ACERCA DE SYRA COFFEE

MISIÓN

En Syra Coffee, nuestra misión es democratizar el café de especialidad, ético y ambientalmente sostenible para que todo el mundo lo pueda consumir, en todas partes y todos los días.

Nacimos como una pequeña cafetería en el barrio de Gràcia en Barcelona en 2015 con la voluntad de hacer que el café de especialidad fuese accesible para todos, y desde entonces estamos comprometidos con cuidar cada eslabón de la cadena del café, desde la finca hasta la taza.

Para ello y como he explicado en este libro, trabajamos únicamente con productos de alta calidad en origen, de temporada y de comercio justo, los tostamos artesanalmente todos los días en nuestras instalaciones, los catamos, los valoramos, y los cuidamos en todo su recorrido hasta que los consumes, ya sea en nuestras cafeterías o en tu casa.

VISIÓN

Nuestra visión es la de guiar el mundo hacia un futuro donde el café ético y ambientalmente sostenible sea la norma. Creemos que cada taza de café debe ser un reflejo de nuestros valores y nuestro compromiso de crear un mundo mejor para todos.

Nuestro objetivo es obtener nuestros granos de café de pequeños agricultores locales que utilizan métodos de cultivo éticos y sostenibles. Creemos en pagar un precio justo por sus productos, asegurándonos de que puedan sostener a sus familias y comunidades. Creemos que nuestro compromiso con prácticas éticas y sostenibles no debe comprometer el sabor y la calidad.

Nuestra visión es ser líderes en la industria del café, inspirando cambios y liderando un movimiento hacia un futuro más sostenible. Creemos que juntos podemos crear un mundo donde cada taza de café sea un reflejo de nuestros valores y nuestro compromiso de generar un impacto positivo en el planeta y su gente.

PROPÓSITO

En Syra Coffee estamos abordando problemas relacionados con la calidad, la sostenibilidad, la trazabilidad y la democratización en la industria del café convencional. Priorizamos granos de alta calidad, prácticas sostenibles y éticas, trazabilidad y transparencia en la cadena de suministro, y hacemos el café de especialidad más accesible y asequible, buscando crear una industria del café más equitativa y sostenible.

CALIDAD

Uno de los problemas principales que el café de especialidad intenta resolver es la cuestión de la calidad. El café convencional a menudo se cultiva y procesa utilizando métodos industriales que priorizan la cantidad sobre la calidad. Como resultado, el café puede tener un sabor rancio, amargo o quemado. En cambio, el café de especialidad proviene de granos de alta calidad cultivados y procesados con métodos artesanales que priorizan el sabor y la frescura.

TRAZABILIDAD

El café de especialidad también busca mejorar la trazabilidad y transparencia en la cadena de suministro del café. El café convencional suele ser una mezcla de granos de diferentes regiones o países, lo que dificulta rastrear su origen o asegurar que se haya producido bajo condiciones éticas y sostenibles. Los granos del café de especialidad, sin embargo, son de origen único o regiones específicas, lo que permite una mayor trazabilidad y transparencia en la cadena de suministro.

SOSTENIBILIDAD

Otro problema que el café de especialidad aborda es la falta de sostenibilidad en la industria del café convencional. La producción de café convencional a menudo implica prácticas dañinas para el medioambiente, como la deforestación, el abuso del agua y el uso de pesticidas y fertilizantes. El café de especialidad, en cambio, enfatiza prácticas sostenibles y éticas, incluyendo cultivo bajo sombra, métodos orgánicos y *sourcing* de comercio justo.

DEMOCRATIZACIÓN

El café de especialidad a menudo se percibe como un producto de lujo, exclusivo, con precios elevados que lo hacen inaccesible para muchos consumidores. Trabajamos para democratizar el café haciendo que sea más accesible y asequible, frecuentemente a través de relaciones comerciales directas con los caficultores o mediante esfuerzos educativos para promover el valor del café de alta calidad y sostenible.

VALORES

Nuestros valores fundamentales guían cada decisión. Creemos en la calidad del café y de las relaciones que cultivamos, pero esto no sería nada sin lo valores con los que nacimos.

ÉTICA

Valoramos prácticas éticas en todos los aspectos de la producción de café, desde la obtención de granos hasta la promoción del comercio justo y unos salarios equitativos para los agricultores de café. Para ello, priorizamos la responsabilidad ambiental y nos comprometemos a reducir su huella de carbono y su impacto general en el planeta.

CALIDAD

Ponemos todo el énfasis en el café de calidad, seleccionando los mejores granos de café mundiales y tostándolos a la perfección para resaltar su sabor y aroma únicos. Creemos que todas las personas merecen tener acceso a un café delicioso, de alta calidad y asequible.

COMUNIDAD

Valoramos la inclusividad y buscamos crear una comunidad acogedora y diversa en torno al café. Consideramos que deberían disfrutarlo todos, sin importar su origen, y trabajamos para crear un ambiente inclusivo donde todos se sientan bienvenidos.

AUTENTICIDAD

Valoramos la autenticidad y la transparencia en la producción de café, por lo que proporcionamos a los clientes información sobre el origen de los granos y el proceso de tostado. Consideramos que la honestidad y la transparencia son fundamentales para construir la confianza con nuestros clientes y fomentar relaciones sólidas.

ARQUITECTURA Y DISEÑO

La arquitectura y el diseño han tenido, desde el día en que surgió la idea de Syra, un papel central. El café de especialidad se transmite mediante el cuidado que ponemos en cada etapa de esta cadena que va de la finca a la taza, y eso es lo que ha trascendido desde un primer momento en el diseño de espacios inclusivos, acogedores, únicos y con alma.

Esta importancia del diseño ha hecho que los primeros empleados de Syra Coffee sean arquitectos, diseñadores y creativos que siguen imaginando la experiencia de un buen café como un proceso holístico donde todo importa: desde la iluminación hasta llegar al mínimo detalle de cada local, pasando por el *packaging*.

Hoy en día, seguimos apostando por que el diseño tenga un lugar principal en todo lo que hacemos, e intentamos elevar la experiencia del cliente final al mismo nivel, del mismo modo que un productor cuida sus granos de café antes de enviárnoslos.

ENTRADA DE SYRA COFFEE HQ+ROASTERY,
EN HOSPITALET DE LLOBREGAT, BARCELONA.

En Syra Coffee
estamos abordando
problemas
relacionados con
la calidad,
la sostenibilidad,
la trazabilidad
y la democratización
en la industria
del café convencional.

ÍNDICE ALFABÉTICO

ACERCA DEL AUTOR

Yassir Raïs es arquitecto, fundador, CEO y primer barista de Syra Coffee. En 2015 abrió en Barcelona su primera cafetería con la misión de proporcionar buen café en la rutina diaria del barrio de Gracia, y es uno de los pioneros de la democratización del café de la ciudad condal. Desde entonces, ha sabido sacar provecho del cruce cultural del cual procede para convertir lo que empezó como una pequeña cafetería de barrio en uno de los referentes del café de especialidad en Europa.

AGRADECIMIENTOS

Este libro no habría sido posible sin la ayuda, el apoyo y la dedicación de muchas personas que han estado muy cerca desde que fundé Syra Coffee en octubre de 2015 en un local de apenas 20 metros cuadrados en el barrio de Gràcia en Barcelona. El sueño que nació de manera ingenua en una calle prácticamente desierta es hoy una realidad gracias a muchas personas que han hecho que se pueda plasmar en este libro.

Lo primero es agradecer a cada miembro de esta bella cadena que va desde la finca a la taza. A cada productor, familia, cooperativa, agricultor/a que cultiva con pasión a mano cada cereza de café y hace posible que degustemos este producto, desde Etiopía hasta El Salvador. En esa cadena me gustaría hacer especial mención a todo el equipo de baristas y *headquarters* que tenemos actualmente en Barcelona, Madrid, Valencia, Sevilla, Málaga, Girona, Bilbao y San Sebastián, gracias a su pasión hacen que cada día miles de personas puedan disfrutar de nuestros cafés.

Gracias también a mis padres, Badr y Amina, y a mi hermana, Yasmine, por ser la chispa infatigable que me ha apoyado en cada etapa de este proyecto desde que tan solo era una idea en una libreta.

Gracias a Thomas, con el que este proyecto vio la luz en 2015 en el primer local, y a Dylan, con el que pudo crecer.

Gracias a Eduardo, Paula y Rodrigo por la incesante confianza desde el primer día y por hacer que Syra sea una familia.

Gracias a Susanna y Juanjo por su ayuda y empeño en mejorar cada día.

Gracias a Bernat, Mario y Pepe, mentores que se han convertido en amigos.

Gracias a Maher, por su visión, pasión, compromiso y resiliencia creativa, que han hecho que Syra sea más que una simple taza de café.

Gracias a Michi por su ayuda y a todo el equipo de Cinco Tintas por dejarnos aportar nuestro granito de arena al café de especialidad, y en especial a Cristina por la confianza.

A Lau, que asistió a los primeros esbozos de una idea en una cafetería en París, por ser la mejor compañera de vida, trabajo y familia que haya podido soñar.

Y, por último, a Leila, que me acompaña en su cuna cuando escribo estas líneas y con la que todo este trabajo cobra sentido.

cincotintas

MIXTO
Papel | Apoyando la silvicultura responsable
FSC® C104592
www.fsc.org